/科技部推荐优秀科普图书/

兵法战争

总顾问 冯天瑜 钮新强
总主编 刘玉堂 王玉德

徐士友 编著

长江文明馆献辞
（代序一）

冯天瑜

> 无边落木萧萧下，
> 不尽长江滚滚来。
> ——杜甫《登高》

江河提供人类生活及生产不可或缺的淡水，并造就深入陆地的水路交通线，江河流域得以成为人类文明的发祥地、现代文明繁衍畅达的处所。因此，兼收自然地理、经济地理、人文地理旨趣的流域文明研究经久不衰。尼罗河、幼发拉底—底格里斯河、印度河、恒河、莱茵河、多瑙河、伏尔加河、亚马孙河、密西西比河、黄河、珠江等河流文明，竞相引起世人关注，而作为中国"母亲河"之一的长江，更以丰饶的自然秉赋、悠远深邃的文化积淀、广阔无垠的发展前景，理所当然成为江河文明研究的翘楚。历史呼唤、现实诉求，长江文明馆应运而生。她以"长江之歌 文明之旅"为主题，以水孕育人类、人类创造文明、文明融于生态为主线，紧紧围绕"走进长江"、"感知文明"和"最长江"三大核心板块，利用现代多媒体等手段，全方位展现长江流域的旖旎风光、悠久历史和璀璨文明。

干流长度居亚洲第一、世界第三的长江，地处亚热带北沿，人类文明发生线——北纬30°线横贯流域。而此纬线通过的几大人类古文明区（印度河流域、两河流域、尼罗河流域等）因副热带高压控制，多是气候干热的沙漠地带，作为文明发展基石的农业仰赖江河灌溉，故有"埃及是尼罗河赠礼"之说。然而，长江得大自然眷顾，亚洲大陆中部崛起的青藏高原和横断山脉阻挡来自太平洋季风的水汽，凝集为巫山云雨，致使这里水热资源丰富，最适宜人类生存发展，是中国乃至世界自然禀赋优越、经济文化潜能巨大的地域。

长江流域的优胜处可归结为"水"—"通"—"中"三字。

冯天瑜

一、淡水富集

长江干流、支流纵横，水量充沛，湖泊星罗棋布，湿地广大，是地球上少有的亚热带淡水富集区，其流域蕴蓄着中国35%的淡水资源、48%的可开发水电资源。如果说石油是20世纪列国依靠的战略物资，那么，21世纪随着核能及非矿物能源（水能、风能、太阳能等）的广为开发，石油的重要性呈缓降之势，而淡水作为关乎生命存亡而又不可替代的资源，其地位进一步提升。当下的共识是：水与空气并列，是人类须臾不可缺的"第一资源"。长江的淡水优势，自古已然，于今为烈，仅以南水北调工程为例，即可见长江之水的战略意义。保护水生态、利用水资源、做好水文章，乃长江文明的一个绝大题目。

二、水运通衢

在水陆空三种运输系统中，水运成本最为低廉且载量巨大。而长江的水运交通发达，其干支流通航里程达6.5万千米，占全国内河通航里程的52.5%，是连接中国东中西部的"黄金水道"，其干线航道年货运量已逾十亿吨，超过以水运发达著称的莱茵河和密西西比河，稳居世界第一位。长江中游的武汉古称"九省通衢"，即是依凭横贯东西的长江干流和南来之湖湘、北来之汉水、东来之鄱赣造就的航运网，成为川、黔、陕、豫、鄂、湘、赣、皖、苏等省份的物流中心，当代更雄风振起，营造水陆空几纵几横交通枢纽和现代信息汇集区。

三、文明中心

如果说中国的自然地理中心在黄河上中游，那么经济地理、人口地理中心则在长江流域。以武汉为圆心、1000千米为半径画一圆圈，中国主要大都会及经济文化繁荣区皆在圆周近侧。居中可南北呼应、东西贯通、引领全局，近年遂有"长江经济带"发展战略的应运而兴。长江经济带覆盖中国11个省（市），包括长三角的江浙沪3省（市）、中部4省和西南4省（市）。11省（市）GDP总量超过全国的4成，且发展后劲不

冯天瑜

可限量。

　　回望古史，黄河流域对中华文明的早期发育居功至伟，而长江流域依凭巨大潜力，自晚周疾起直追，巴蜀文化、荆楚文化、吴越文化与北方之齐鲁文化、三晋文化、秦羌文化并耀千秋。龙凤齐舞、国风—离骚对称、孔孟—老庄竞存，共同构建二元耦合的中华文化。中唐以降，经济文化重心南移，长江迎来领跑千年的辉煌。近代以来，面对"数千年未有之大变局"，长江担当起中国工业文明的先导、改革开放的先锋。未来学家列举"21世纪全球十大超级城市"，依次为：印度班加罗尔、中国武汉、土耳其伊斯坦布尔、中国上海、泰国曼谷、美国丹佛、美国亚特兰大、墨西哥昆坎—图卢姆、西班牙马德里、加拿大温哥华。在可预期的全球十大超级城市中，竟有两个（武汉与上海）位于长江流域，足见长江文明世界地位之崇高、发展前景之远大。

　　为着了解这一切，我们步入长江文明馆，这里昭示——

　　一道天造地设的巨流，怎样在东亚大陆绘制兼具壮美柔美的自然风貌；

　　一群勤勉聪慧的先民，怎样筚路蓝缕，以启山林，开创丰厚优雅的人文历史。

　　（作者系长江文明馆名誉馆长、武汉大学人文社科资深教授）

一馆览长江　水利写文明
（代序二）

钮新强

"你从雪山走来，春潮是你的风采；你向东海奔去，惊涛是你的气概……"一首《长江之歌》响彻华夏，唱出中华儿女赞美长江、依恋长江的深厚情感。

深厚的情感根植于对长江的热爱。翻阅长江，她横贯神州6300千米，蕴藏了全国1/3的水资源、3/5的水能资源，流域人口和生产总值均超过全国的40%；她冬寒夏热，四季分明，沿神奇的北纬30°延伸，形成了巨大的动植物基因库，蕴育了发达的农业，鱼儿欢腾粮满仓的盛景处处可现；她有上海、武汉、重庆、成都等国之重镇，现代人类文明聚集地如颗颗明珠撒于长江之滨；她有神奇九寨、长江三峡、神农架等旅游胜地，多少享誉世界的瑰丽美景纳入其中；她令李白、范仲淹、苏轼等无数文人墨客浮想联翩，写下无数赞美的词赋，留下千古诗情。

长江两岸中华儿女繁衍生息几千年，勤劳、勇敢、智慧，用双手创造了令世人瞩目的巴蜀文明、楚文明及吴越文明。这些文明如浩浩荡荡的长江之水，生生不息，成为中华文明重要组成部分。

人类认识和开发利用长江的历史，就是一部兴利除弊的发展史，也是长江文明得以丰富与传承的重要基石。据史料记载，自汉代到清代的2100年间，长江平均不到十年就有一次洪水大泛滥，历代的兴衰同水的涨落息息相关。治国先必治水，成为先祖留给我们的古训。

为抵御岷江洪患，李冰父子筑都江堰，工程与自然的和谐统一，成就了千年不朽，成都平原从此"水旱从人、不知饥馑"，天府之国人人神往。

一条京杭大运河，让两岸世世代代的子孙受惠千年。今天，部分河段化身为南水北调东线调水的主要通道，再添新活力，大运河成为连接古今的南北大命脉。

新中国成立以后，百废待兴，党和政府把治水作为治国之大计，长江的治理开发迎来崭新的时代。万里长江，险在荆

钮新强

江。1953年完建的荆江分洪工程三次开闸分洪，抗击1954年大洪水，确保了荆江大堤及两岸人民安全。面对'54洪魔带来的巨大创伤，长江水利人开启长江流域综合规划，与时俱进，历经3轮大编绘，使之成为指导长江治理开发的纲领性文件。

"南方水多，北方水少，能不能从南方借点水给北方？"毛泽东半个多世纪前的伟大构想，是一个多么漫长的期盼与等待呀。南水北调的蓝图，在几代长江水利人无悔选择、默默坚守、创新创造中终于梦想成真，清澈甘甜的长江水在"人造天河"里欢悦北去，源源不断地流向广袤、干渴的华北平原，流向首都北京，流向无数北方人的灵魂里。

新中国成立以来，从长江水利人手中，长江流域诞生了新中国第一座大型水利工程——丹江口水利枢纽工程、万里长江第一坝——葛洲坝工程、世界最大的水利枢纽——三峡工程。与此同时，沉睡万年的大小江河也被一条条唤醒，以清江水布垭、隔河岩等为代表的水利工程星罗棋布，嵌珠镶玉。这是多么艰巨而充满挑战、闪烁智慧的治水历程！也只有在这条巨川之上，才能演绎出如此壮阔的治水奇观，孕育出如此辉煌的水利文明，为古老的长江文明注入新的动力！

当前，长江经济带战略、京津冀协同发展战略及一带一路建设正加推提速，长江因其特殊的地理位置与优质的资源禀赋与三大战略（建设）息息相关，长江流域能否健康发展关系着三大战略（建设）的成败。因此，长江承载的不仅是流域内的百姓富强梦，更是中华民族的伟大复兴梦。长江无愧于中华民族母亲河的称号，她的未来价值无限，魅力永恒。

武汉把长江文明馆落户于第十届园博会园区的核心区，塑造成为园博会的文化制高点和园博园的精神内核，这寄托着武汉对长江的无比敬重与无限珍爱。可以想象，长江文明馆开放之时，来自五湖四海的人们定将发出无比的惊叹：一座长江文明馆，半部中国文明史。

（作者系长江文明馆名誉馆长，中国工程院院士、长江勘测规划设计研究院院长）

目 录

上篇　长江流域的兵法

长江流域兵法概述 / 1

春秋战国时期兵学的形成 / 4

孙武《孙子兵法》/ 5
吴起《吴子兵法》/ 12
《鹖冠子》/ 17

魏晋南北朝隋唐时期兵学的发展 / 22

诸葛亮《将苑》与《便宜十六策》/ 23
檀道济"唱筹量沙"与《三十六计》/ 28
赵蕤《长短经·兵权》/ 32

两宋时期兵学的繁荣 / 36

许洞《虎钤经》/ 37
苏洵《权书》/ 41
陈规、汤璹《守城录》/ 45
辛弃疾《美芹十论》/ 49
华岳《翠微先生北征录》/ 53

明清时期兵学的转型 / 57

茅元仪《武备志》/ 58
魏禧《兵迹》《兵谋》《兵法》/ 63
顾祖禹《读史方舆纪要》/ 68
魏源《海国图志》/ 73

下篇 长江流域的战争

长江流域战争概述 / 77

春秋战国时期的战争 / 81

吴师入郢之战 / 82
越灭吴之战 / 87
秦楚鄢郢之战 / 93

魏晋隋唐时期的战争 / 97

魏蜀吴赤壁之战 / 98
吴蜀夷陵之战 / 103
晋灭吴之战 / 107
隋灭陈之战 / 112
唐灭萧铣之战 / 117

宋元时期的战争 / 121

宋金采石之战 / 122
宋蒙钓鱼城之战 / 126
宋元襄樊之战 / 130

明清时期的战争 / 135

朱元璋平陈友谅之战 / 136
康熙平叛吴三桂之战 / 142
太平军九江湖口之战 / 148
辛亥武昌起义 / 152

主要参考文献 / 157

后记 / 159

上篇　长江流域的兵法

长江流域兵法概述

中国传统兵法形成于夏、商、周三代，春秋战国时期臻于成熟繁荣，历经秦至唐五代的充实提高，到宋至清前期兵学系统得以完善。长江流域的兵法在中国传统兵法的大背景下，其发展有其自身特点，大致经历了形成、发展、繁荣与转型四个时期。

自古以来，长江流域就是兵家必争之地，战争频仍。伴随着长江流域战争的发生，用于指导战争的兵法应运而生。从先秦到晚清，长江流域的兵法大致经历了四个发展阶段。

春秋战国时期，是长江流域兵法的形成时期。这一时期，长江流域巴国、蜀国、楚国、吴国、越国等诸侯国的争霸与兼并战争，以及这些诸侯国与中原国家之间的战争此起彼伏。伴随着这些战争的发生，流域内的兵法形成了。长江下游的吴国为了争霸，任用孙武为将军。孙武顺应历史潮流，广泛吸取前代兵法的优秀成果，特别是《军志》《军政》等兵书，总结春秋时期的战争和军事实践的经验，并结合自己在长江流域的军事实践，创造性地完成了不朽之作——《孙子兵法》。《吴子兵法》虽然诞生于中原地区，但是随着吴起的南来楚国，辅佐楚悼王进行变法，并把其军事思想用于楚国的军事实践，使楚国"兵震天下，威服诸侯"（《史记·范雎蔡泽列传》），《吴子兵法》在长江流域得以传播运用。《鹖冠子》是先秦时期长江流域最后诞生的一部兵法，内容融黄老学派、兵阴阳家、兵权谋家思想于一体，丰富了先秦时期流域内的军事思想。

经历秦汉，到了三国魏晋南北朝隋唐时期，长江流域的兵法伴随着流域里发生的战争得到了发展。三国魏、蜀、吴鼎立，形成一强两弱的战略三角关系，三国都企图以军事和外交的配合创造有利的战略态势，长江流域的战争连绵不断，蜀国丞相诸葛亮熟悉传统兵法，流传后世署名诸葛亮的《将苑》《便宜十六策》，可能就是诸葛亮一边总结前代战争经验，一边结合自己的军事实践写成的。南北朝时期，南北战争不断，南朝宋将领檀道济研究战争规律，结合自己的战争实践，总结出了"三十六计"。"三十六计"经过千百年的流传，大概在明清之际，引申出《三十六计》一书来。唐朝的梓州盐亭人（今四川盐亭县）赵蕤编写了《长短经》，其中的"兵权"部分依据《孙子》《吴子》《司马法》《六韬》《三略》等著作，大量论述了战争、战争指导和军队建设问题，由此构成一套兵学理论。

北宋政权都于开封，面对辽与西夏政权的崛起，宋军与其作战屡吃败仗。在血的教训面前，北宋政权不得不高度重视军事，兴办武学，推行武举制度，组织编撰了中国第一部军事教科书《武经七书》、第一部大型军事类书《武经总要》，这不仅确立了《孙子兵法》等兵书的经典地位，也彰显出这一时期研究整理宋代以前兵法的巨大成绩。南宋政权都于临安（今浙江杭州），面对北方金政权的强大压力，南宋政权不仅希望保住淮河以南的国土，而且希望通过战争收复旧山河。在这种情况下，不仅朝廷高度重视兵法，而且兵家及一些文人也都大量著述兵法，促进了长江流域兵法的繁荣。苏州人许洞编撰的《虎钤经》堪称宋代兵学的开端，对于文人论兵的风气，起着示范的作用。这一时期，不仅有苏洵的《权书》，希望当政者能"深晓其义施之于今"；而且有辛弃疾的《美芹十论》，全面总结了宋、金斗争的历史经验和惨痛教训，具体分析了宋、金双方的利弊得失，明确阐述了抗金复国的战略战术，希望南宋朝廷不要偏安江南一隅，而要立志收复失地。不仅有华岳上奏皇帝的《翠微先生北征录》，此书针对当时宋金战争与对峙的具体形势而发，巨细备载，颇切时要，阐述了富国强兵和御敌之策；而且还有陈规、汤璹的《守城录》，全面总结了守卫城池的战术与技术，被宋孝宗诏刻"颁天下为诸守将法"。

　　经历元代，到了明清时期，中华民族不仅有内部的战争，而且有外敌的海上入侵，长江流域兵法适应时代需要出现了转型。这一时期的兵学家不仅关注中华大地，研究兵法之于现实的指导意义，而且把目光聚焦于东南沿海、聚焦于西方列强，撰写了一系列兵法。明代江苏昆山人郑若曾为抗击倭寇，潜心研究沿海防御，绘制沿海地图，并随胡宗宪抗击倭寇，写就了海防专著《筹海图编》。茅元仪倾注15年心血，潜心研究历代兵法韬略和明末东北的国防形势，编纂了《武备志》。江西宁都人魏禧一生致力于反清复明，将兵学作为其一生治学中的重要内容，喜读史籍，善谈兵学，留心军事，利用历代用兵的史迹，总结历代用兵得失、统军作战经验，写就了《兵迹》；精研《左传》，对《左传》的军事谋略思想和用兵作战方法分别进行全面系统研究后，总结概括出《兵谋》和《兵法》二书。江苏无锡人顾祖禹，熟谙经史，抱着反清复明的愿望，在其先辈研究边防和军事地理的基础上，阅览群书，尤其是正史和方志，考证史事，跋山涉水，实地考察，着眼于军事，尤其是着重于明代国防，历三十余年，撰写成了军事地理巨著——《读史方舆纪要》。鸦片战争以后，西方列强入侵中国，给中华民族带来了无尽的灾难，湖南邵阳人魏源在林则徐《四洲志》的基础上，本着"经世致用"精神，研究西方列强的历史、地理和政治状况，编撰出《海国图志》，以期达到"师夷长技以制夷"。

春秋战国时期兵学的形成

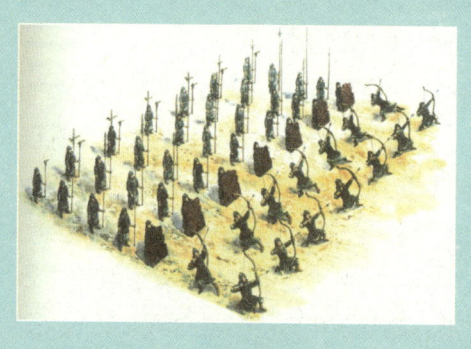

春秋战国是我国历史上大变革时期,在社会政治、军事、经济、文化各个方面,都发生了重大的变化。在军事领域,长江流域的巴国、蜀国、楚国、吴国、越国等诸侯国的争霸与兼并战争此起彼伏。伴随着这些战争发生,长江流域的兵法逐步形成。

孙武《孙子兵法》

理国无难似理兵，兵家法令贵遵行；
行刑不避君王宠，一笑遂刀八阵成。

这是晚唐诗人周昙所写的《孙武》，诗歌前两句是说治理国家如同治理军队一样，并不困难，关键在于能否遵循、执行法令；后两句讲孙武"吴宫教战"的故事，孙武治军严格，将不听号令的两名宫女演武队队长——吴王所宠爱的两个妃子，按军法处决，整肃了队伍，确保了部队布阵训练。

（一）孙武的生平

孙子，名武，字长卿，春秋末期齐国乐安（今山东惠民县）人。生卒年月未见史载，大约与孔子（公元前551—前479年）同时代而略晚。他是陈国公子完的后裔，陈完因内乱逃奔齐国，并改姓陈为田。田完的五世孙，孙武的祖父田书因"伐莒有功，景公赐姓孙氏，食采乐安"。孙武的青少年时代是在齐国度过的，成年以后，因齐国发生了田氏、鲍氏、高氏、栾氏四族之乱，逃奔吴国，在姑苏（今江苏苏州）附近隐居。

隐居著书的孙武登上吴国的政治舞台是戏剧性的。当时吴王阖闾准备攻打楚国，但缺少一位善于打仗的将领，孙武的好友伍子胥就向吴王推荐了孙武，然而吴王阖闾并没有接受，于是伍子胥就一连七次推荐，伍子胥的推荐终于得到了吴王阖闾的同意。

公元前512年，孙武带着兵书十三篇晋见吴王阖闾，孙武书中惊世骇俗的高论、新颖独特的见解，引起了一心图霸称雄的吴王阖闾的深刻共鸣。吴王阖闾虽然十分赞赏孙武书中的见解，但对孙武的才能还缺乏具体的了解，因而在跟孙武会谈时，略有疑虑地问道："子

「孙武」

《吴宫教战》年画

之十三篇，吾尽观之矣，可以小试勒兵乎?"(《史记·孙子吴起列传》)孙武表示同意，于是，阖闾按照孙武的要求，选出180名宫女，把他们集合起来，交给孙武操练。于是历史上发生了"吴宫斩美姬"一幕，而后孙武被任命为将军，经国治军，吴国很快富强起来。

公元前506年，孙武协助吴王阖闾大举攻打楚国，攻下楚国的都城郢（今湖北江陵西北），取得了"以三万破楚二十万"的胜利。其后的事迹便无具体的历史记载。《史记·孙子吴起列传》称：吴国"西破强楚，入郢，北威齐晋，显名诸侯，孙子与有力焉。"至于孙武何年、何地、因何而终，则是历史悬案。孙武在辅佐吴王阖闾成就了一番霸业的同时，写就了一部不朽的军事名著《孙子兵法》。

(二)《孙子兵法》主要内容

《孙子兵法》语言简约，篇幅精炼，然而体系宏大，思想深邃。全书十三篇以战争运筹和作战指导为核心，层层展开，逻辑严谨，形成了一个极富特色的军事理论体系，内容涵盖了战争观、战略战术、作战保障、军队建设等军事理论的主要方面，并在这些方面，创设了诸多内涵深邃的范畴和命题，构建了系统而深刻的军事理论体系。

1. "杂于利害"，确立备战与慎战战争观

孙子认为，战争这柄双刃利剑具有兴国和亡国的双重性质。基于这种认识，孙子提醒人们重视战争、研究战争、准备战争。

一部《孙子兵法》，备战思想非常突出。孙子在《形篇》指出："昔之善战者，先为不可胜，以待敌之可胜。不可胜在己，可胜在敌。"讲的就是国家与军队首先要想的不是怎样战胜敌人，而且先要做好一切准备，具有不被敌人战胜的实力或条件。在《九变篇》中也说："无恃其不来，恃吾有以待也；无恃其不攻，恃吾有所不可攻也。"是说不要把希望寄托于敌人不来侵犯，而要立足于自己做好充分的战争准备；不要把希望寄托

春秋战国时期兵学的形成

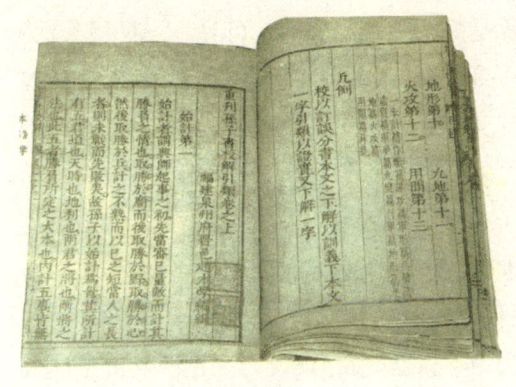

「明赵本学《孙子书校解》」

于敌人不来进攻，而要把立足点放在自己具有不被敌人攻破的实力，建立在充分做好战争准备基础之上的。

孙武非常慎重地对待战争，"兵者，国之大事，死生之地，存亡之道，不可不察也"（《计篇》），战争关系到国家的安危，民众的生死，民族的繁荣，绝不能当成儿戏。为此，必须慎重地对待战争，不能轻启战端。同时指出："主不可以怒而兴师，将不可以愠而致战。"（《火攻》）告诫人们，操纵战争机器的人，绝不能因为一时的愤怒轻易开启战端。

孙子主张慎重对待战争，但是他并不否定战争，并不回避战争。他对战争的基本原则是："非利不动，非得不用，非危不战。"（《火攻》）决定一场战争是打，还是不打，有三条原则必须遵守：一是看这场战争符不符合国家的根本利益；二是看国家进行这场战争有无必胜的把握；三是看国家是不是到了非战不可的危亡关头。

2. 认识"全""破"，树立全胜的战略观

孙子认为运用一定的军事力量去达成一定的战略目的，有两种可供选择的方式：一是以智驭力，孙子把它称为"全"，"全"是不战而胜；二是以力驭力，孙子把它称为"破"，"破"是交战而胜。

在《谋攻篇》一开始，孙子对这两种方式从全局到局部加以比较："凡用兵之法，全国为上，破国次之；全军为上，破军次之；全旅为上，破旅次之；全卒为上，破卒次之；全伍为上，破伍次之。"（《谋攻》）意思是说大凡作战的原则是：使整个敌国屈服是上策，而用武力攻破敌国就次一等；使敌人全军降服是上策，而击破敌军就次一等；使敌人全旅降服是上策，而击破敌旅就次一等；使敌人全卒降服是上策，而击破敌人全卒就次一等；使敌军全伍降服是上策，而击破敌人全伍就次一等。通过比较，孙子得出结论："全"为上，"破"次之。

基于此，孙子认为"是故百战百胜，非善之善者也；不战而屈人之兵，善之善者也"，是说百战百胜不算高明中最高明的；不经过交战而使敌人屈

「春秋铜胄」

服,才算是高明中最高明的。可见,《孙子兵法》虽然是一部兵书,但是它的最高追求却不是战争,不是追求战争中的"百战百胜",而是"不战而屈人之兵"。

孙子追求"不战而屈人之兵"的全胜理想,那么如何实现"不战而屈人之兵"?孙子认为"故上兵伐谋,其次伐交,其次伐兵,其下攻城。攻城之法为不得已"(《谋攻》),是说上策是挫败敌人的战略计谋,其次是挫败敌人的外交,再次是挫败敌人的军队,下策是攻占敌人的城池,攻城的办法是不得已的。这里孙子明显给我们做了一个策略排序:"上上策"是通过谋略战胜敌人;"上中策"是通过外交策略获取胜利;"中策"是通过野战战胜敌人;"下策"是攻取敌人的城池。为什么"伐谋"是上上策?就是以最小的代价换取最大的胜利。当然,"伐谋、伐交"手段的实现,必要时也需要用"伐兵"的手段来促成。

3. 认识"奇""正",掌握诡道的制胜观

孙子的胜负观,除了上面讲的"全胜"之外,就是"破胜"。"全"是不流血的战争,"破"是流血的政治。以"诡道"为特色的谋胜思想,是孙子军事思想中丰富多彩的内容。《孙子兵法》中所揭示的谋胜思想原则很多,主要有以下几个方面。

(1) "知彼知己"

"知彼知己,百战不殆"是孙子的名言,那么,如何做到"知彼知己"呢?孙子认为一要用间,二要庙算。

孙子《用间》说:"先知者,不可取于鬼神,不可象于事,不可验于度,必取于人,知敌之情者也。"是说作战前要做到先知,不能依靠迷信,必须使用知道敌人情报的"间谍"。间谍有哪些呢?孙子将其划分为五大类,"故用间有五:有乡间(因间),有内间,有反间,有死间,有生间"(《用间》),意思说使用间谍的方式有五种,有因间、内间、反间、死间、生间。

春秋战国时期兵学的形成

对于庙算思想，孙子《计篇》说："夫未战而庙算胜者，得算多也；未战而庙算不胜者，得算少也。多算胜，少算不胜，而况于无算乎？吾以此观之，胜负见矣。"所谓"庙算"，它的本义是出征前，帝王将相到祖庙去祭祖以求神灵保佑，后来逐步演变为君臣对战争胜负的预测和方略的制定。孙子的庙算，就是对战争胜负的一种科学推断。它的主要依据就是"五事"和"七计"。

孙子在《计篇》说："故经之以五事，一曰道，二曰天，三曰地，四曰将，五曰法。"可见，孙子的"五事"是：道、天、地、将、法。具体而言，道是指政治优势的获得，百姓与国家同呼吸共命运，就能舍生忘死，在战争中毫不畏惧；天和地主要指天候和地理条件，是影响战争胜负的重要因素；将是战役、战斗的组织者、指挥者，要具备多方面的才能；法主要指法规制度等方面。

对战争胜负的预测除了以上五种要素之外，孙子还提出了"七计"："主孰有道？将孰有能？天地孰得？法令孰行？兵众孰强？士卒孰练？赏罚孰明？吾以此知胜负矣"（《计篇》），做到了这七个方面，就可战无不胜。

(2) "兵者，诡道也"

《孙子兵法》最让常人感兴趣的是孙子的"诡道"骗术，这也是孙子大智慧的体现。孙子认为"兵者，诡道也。故能而示之不能，用而示之不用，近而示之远，远而示之近。利而诱之，乱而取之，实而备之，强而避之，怒而挠之，卑而骄之，佚而劳之，亲而离之，攻其无备，出其不意。此兵家之胜，不可先传也"（《计篇》），是说用兵应该以诡诈为原则，所以能打而装着不能打；要打故意装着不要打；向近处进攻，却故意装着要从远处进攻；本来要从远处进攻，却故意装着要从近处进攻；敌人贪利，就利诱他；敌人混乱，就攻取他；敌人力量充实，就防备他；对于强大的敌人要暂时避开他；敌人容易愤怒就挑逗他，敌人谦卑谨慎就骄纵他；对于休整得好的敌人，就设法疲劳他；敌人亲和，就

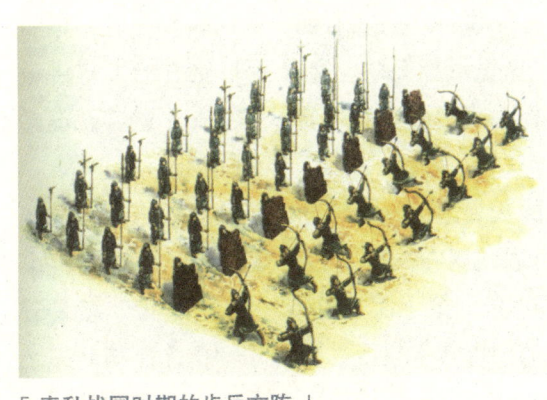

「春秋战国时期的步兵方阵」

设法离间他。在敌人毫无防备之处发动进攻，在敌人意料不到之时采取行动。这是军事指挥的奥秘，是不能事先泄露出去的。

十二种诡道之法虽然千变万化，但目标只有一个，那就是"攻其无备，出其不意"。

(3) 正合奇胜

孙子在《势篇》里说："凡战者，以正合，以奇胜。故善出奇者，无穷如天地，不竭如江河。"是说凡是打仗，都是以"正"兵会合交战，而用"奇"兵出奇制胜。所以善于出奇制胜的将帅，其战法变法就像天地那样不可穷尽，像江河那样永不枯竭。

关于奇正的变化，孙子在《势篇》中打比方说，"声不过五，五声之变，不可胜听也。色不过五，五色之变，不可胜观也。味不过五，五味之变，不可胜尝也。战势不过奇正，奇正之变，不可胜穷也。奇正相生，如循环之无端，孰能穷之？"是说乐音不过五个，然而五音的变化就听不胜听；颜色不过五种，然而五色的变化就看不胜看；滋味不过五种，然而五味的变化就尝不胜尝。作战的战术不过"奇""正"，然而，"奇""正"的变化就无穷无尽。"奇""正"互相转化，就像顺着圆环旋转一样，无首无尾，谁能穷尽它呢。

(4) "避实而击虚"

关于避实击虚，孙子在《虚实篇》中打个比方说："夫兵形象水，水之形，避高而趋下；兵之形，避实而击虚。"是说用兵的规律好像水的流动，水的流动是避开高处而流向低处，作战的规律就是避开敌人坚实之处而攻击它的弱点。在《势篇》中又说："兵之所加，如以碫投卵者，虚实是也。""碫"，就是磨刀石，这里泛指石块。孙子用打比方的方式讲道理：向敌军发起进攻，如同用石头砸鸡蛋一样容易，关键在于避实就虚的正确运用问题。

那么，应该如何避开敌人的长处，而发扬自己的长处；攻击敌人的弱点，而规避自己的弱点，进而达到用石头砸鸡蛋的效果呢？孙子在《虚实》篇中提出了四个步骤：第一步"策之而知得失之计"，"策"就是分析判断，也就是了解敌我双方的"虚实"情况。第二步"作之而知动静之理"，"作"的引申之义是侦察和守望，也就是通过侦察行动了解敌方的动静规律。第三步"形之而知生死之地","形"是欺骗,是人为制造的,是看不见、摸不到的东西,不仅敌人不知道,而且自己人也不是都知道。即通过示形和佯动,调动敌人,诱敌暴露,从而使我了解敌人的要害部位,为"以实击虚"确定具体的攻击目标。第四步"角之而知有余不足之处","角"引申为试探性进攻,即通过对敌进行试探性攻击,了解敌人的强弱、虚实,从而为具体的作战计划的实施,提供可靠依据。

通过上述这几个步骤,就可以避开敌人的长处,而发挥自己的长处;攻击敌人的弱点,而规避自己的不足之处,进而达到用石头砸鸡蛋的效果。

(三)《孙子兵法》的影响

《孙子兵法》诞生以后,产生了持久而深远的影响。

一是对中国传统军事思想的影响。孙子总结春秋及其以前时代的战争经验和军事思想成果,创造性地建立了博大精深的军事理论体系,为中国古代军事思想的发展奠定了坚实的基础,也框定了中国传统军事思想的发展方向,确立了中国传统军事思想的基本特色。自《孙子兵法》问世以来,其提出的诸多命题和范畴,一直是中国传统兵学集中讨论的对象;历朝历代的军事家和兵法著述,在理论上对《孙子》不断有所补充和发展,但在根本上都未能超越《孙子》。正如明代茅元仪在《武备志》中所说:"前孙子者,孙子不遗;后孙子者,不能遗孙子。"孙子的思想,深深渗透于中国传统军事思想的血脉之中,构成了中国传统军事思想的精髓。

二是对中国现代军事理论的影响。在中国近代以来构建新型军事理论的过程中,《孙子兵法》继续发挥了积极的作用,成为重要的思想来源之一。以毛泽东军事思想为例。1935年红军长征到达陕北后,毛泽东开始深入思考中国革命战争的重大理论问题,先后撰写了《中国革命战争的战略问题》《论持久战》等光辉著作,确立了毛泽东军事思想的主体内容。《中国革命战争的战略问题》一书指出:"中国古代大军事学家孙武子

「《孙子兵法》英译本」

书上'知彼知己，百战不殆'这句话，是包括学习和使用两个阶段而说的，包括从认识客观实际中的发展规律，并按照这些规律去决定自己行动克服当前敌人而说的；我们不要看轻这句话"。

三是对世界当代军事学说的影响。从20世纪中期开始，《孙子兵法》在世界范围得到广泛传播，日益引起西方战略家和军事家的重视。提出间接路线战略的英国军事理论家利德尔·哈特，对孙子的思想推崇备至，他曾为塞缪尔·B.格里菲思的《孙子兵法》英译本（1963年版）写过一篇影响很大的序，对《孙子兵法》做了全面的评价："《孙子兵法》是关于战争艺术的最早论述，就其对战争艺术论述的广泛性和对战争艺术的理解深度而言，到目前为止尚没有被超越。《孙子兵法》可说是集中了战争的核心智慧。在过去的军事思想家当中，只有克劳塞维茨可与之媲美。尽管克劳塞维茨的著述比《孙子兵法》晚了二千多年，但相比较而言，《孙子兵法》却更加切合时宜，更能跟上时代的变迁。孙子具有更明确的远见、更深入的洞察力、更持久的生命力。"这是很有代表性的看法。

吴起《吴子兵法》

公元前381年，信赖吴起变法的楚悼王突然去世。由于吴起变法触动了楚国贵族的利益，贵族们对吴起切齿痛恨，于是，他们在楚悼王的尸体附近，蜂拥而上，要杀吴起。吴起看到形势不妙，转身伏在楚悼王的尸体上。追杀吴起的贵族们在射杀了吴起的同时，乱箭也射到了楚悼王的尸体上。吴起大喊：自己死不足为惜，但你们仇视大王，箭戮尸身，是大逆不道！贵族们闻言，才恐惧退逃。吴起满身流血，倒地而死，结束了自己悲壮的一生。

「吴起」

楚悼王去世后，楚肃王即位。由于春秋晚期伍子胥挖掘楚平王之墓鞭尸，对楚国王室刺激太大，楚国为此制定严格的法令：以兵器触及王身者，夷三族。等把楚悼王安葬后，太子即位，就让令尹把射杀吴起同时射中悼王尸体的人，全部处死，因此事被灭族的楚国贵族有七十多家。这就是吴起死报生仇的千古奇谋。

(一)吴起的生平

> 吴起（？—公元前381年），卫国左氏（今山东定陶）人，出生于家有千金的富足家庭，早年在外求官不成，耗尽全部家产。同乡邻里的人笑话他，他就杀掉三十多个讥笑自己的人，逃出卫国。吴起和母亲诀别时说："我吴起如果做不了卿相，就绝不再回卫国。"于是他到了鲁国，拜曾子为师。不久，吴起母亲去世，他没有回家为母亲送终，行孝道。曾子认为吴起不孝，大逆不道，遂断绝了师生关系。

吴起离开曾门后，立志熟读兵书，研究兵法，探索韬略，想以军事才能侍奉鲁君。然不得任用，便离开鲁国，去了魏国。魏文侯任用吴起为将，大败秦国，并显示出其政治、军事才能，又被任命为西河郡守，以抗拒秦、韩。他在任23年间，与其他诸侯国大战76次，其中全胜64次，12次不分胜负，向外开地千里，为魏国的强盛立下了汗马功劳。然而，功勋卓著的吴起后来却受到魏国佞臣陷害，只好离开魏国，逃奔楚国。

在楚国四年间，吴起从宛（今河南南阳）守起家，直到升任令尹，辅佐楚悼王治国，实行变法，主要在于削弱旧的"世卿世禄"制度，选贤任能，赏罚严明，禁止私人请托等。楚国经过吴起变法，"南收扬越，北并陈、蔡，……兵震天下，威服诸侯"。（《史记·范雎蔡泽列传》）但在楚悼王死后，楚国旧贵族乘机作乱，将吴起乱箭射死。

(二)《吴子兵法》的主要内容

> 《吴子兵法》继承以往的兵学理论，总结当时的战争经验，集中地论述战争、战争指导和军队建设等诸问题，形成许多新的见解。

1. "内修文德,外治武备"

吴起在《图国》篇中说:"昔承桑氏之君,修德废武,以灭其国;有扈氏之君,恃众好勇,以丧其社稷。明主鉴兹,必内修文德,外治武备。"是说承桑部族的君主只知道讲求文德,废弛武备,致使国家灭亡;有扈部族的君主,依仗着人多势众,逞强好斗,导致社稷沦丧。明君有鉴于此,就会采取有效的措施,对内修明文德,对外加强武备。

所谓"内修文德",就是通过教育和引导,强化民众的道德素质,以达成国家意志统一,军队内部团结,进而增强国家的综合实力。教化百姓的"文德"内容,主要是"道、义、礼、仁"四德,四德关系国家兴衰,"修之则兴,废之则衰"。所谓"外治武备",就是加强军队建设,提高国家的战备能力。"武备"是"安国家之道",所以必须"简募良材,以备不虞"。作为治国方略,"文德"与"武备"相辅相成,缺一不可。

2. 将帅"总文武","兼刚柔"

治理国家不仅需要"文德""武备",而且需要高素质的将帅。将帅身系国家安危,必须文武兼备,智勇双全。吴起认为:"夫总文武者,军之将也。兼刚柔者,兵之事也。凡人论将,常观于勇,勇之于将,乃数分之一尔。夫勇者必轻合,轻合而不知利,未可也。"(《论将》)是说文武兼备的人,才可以胜任将领,能刚柔并用,才可以统军作战。一般人对于将领的评价,往往是只看他的勇敢,其实勇敢对于将领来说,只是应该具备的若干条件之一。单凭勇敢,必定会轻率应战,轻率应战而不考虑利害是不可取的。

基于上述原因,吴起认为"将之所慎者五:一曰理,二曰备,三曰果,四曰戒,五曰约,理者,治众如治寡。备者,出门如见敌。果者,临敌不怀生。或者,虽克如始战。约者,法令省而不烦。受命而不辞,敌破而后言返,将之礼也。故师出之日。有死之荣,无生之辱"(《论将》),这是说将领应当注重的有五件事:一是理,二是备,三是果,四是戒,五是约。理,是说治理众多的军队如像治理少数军队一样

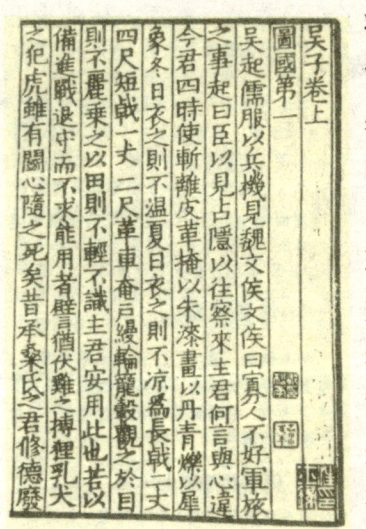

「《吴子》」

春秋战国时期兵学的形成

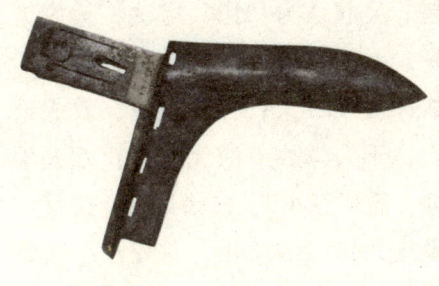

「战国铜戈」

有条理。备,是说部队出动就像面对敌人一样有戒备。果,是说临阵对敌不考虑个人的死生。戒,是说虽然打了胜仗还是如同初战时那样慎重。约,是说法令简明而不烦琐。受领任务决不推诿,打败了敌人才考虑归师,这是将领应遵守的规则。所以自出征那一天起,将领应下定决心,宁可光荣战死,绝不忍辱偷生。

3. "以治为胜","教戒为先"

军队建设靠什么?吴起坚持"以治为胜"。因为法令不严明,赏罚无信用,鸣金不停止,击鼓不前进,纵然有百万大军,也没有什么用处。所以,军队能否打胜仗,不取决于数量上的优势,重要的是依靠军队的素质。要提高军队的素质,就必须严格治理。吴起认为"所谓治者,居则有礼,动则有威;进不可挡,退不可追;前却有节,左右应麾;虽绝成阵,虽散成行;与之安,与之危,其众可合而不可离,可用而不可疲;投之所往,天下莫当,名曰父子之兵"(《治兵》),这就是说,治理严格的军队,平时遵守礼仪,战时构成威势;进攻时锐不可当,撤退时迅速而不可追;前后行进有节制,左右移动听指挥;部队虽然被隔断,仍能保持阵形;阵形虽然被冲散,仍能保持行列;将士之间同安乐,共患难,团结一致而不涣散,连续作战而不疲惫。这样的军队,可以称为"父子之兵",无论在哪里作战,敌人都不能抵挡。

吴起认为,人们在作战过程中,往往死于缺乏战斗技能,败于不熟悉战法,因此在平时,必须狠抓军事训练,着眼于实际效果,而军事教育和训练,又先要从个人抓

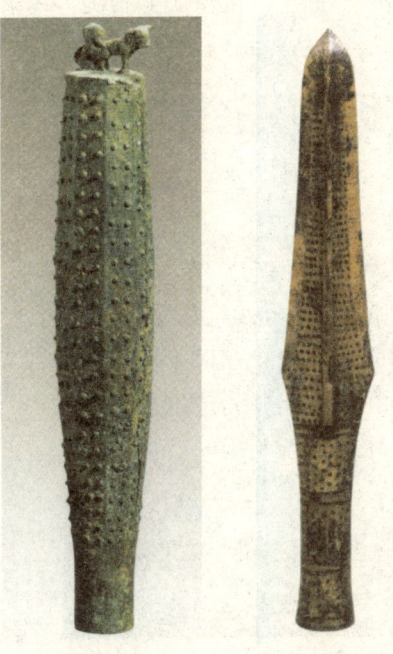

「战国虎噬牛狼牙棒」「战国黑斑点纹铜矛」

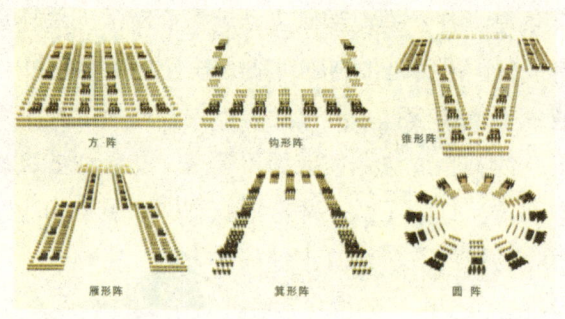

「战国时常用军阵」

起。吴起认为"用兵之法,教戒为先。一人学战,教成十人;十人学战,教成百人;百人学战,教成千人;千人学战,教成万人;万人学战,教成三军"(《治兵》)。这就是说用兵作战的关键,首先在于教育训练。军事训练的方式,是以单兵练习为主,一人掌握战斗技能,可以去教练十人;十人掌握战斗技能,可以去教练百人,这样不断地推广,就可以教练三军。

(三)《吴子兵法》的影响

在先秦历史上,吴起作为一位政治家,可以跟商鞅媲美;作为一位军事家,通常跟孙武并称。《孙子》和《吴子》向来相提并论,早在战国末期,"境内皆言兵,藏孙吴之书者,家有之"(《韩非子·五蠹》)。西汉前期,"世俗所称师旅,皆道《孙子》十三篇、《吴起兵法》。"(《史记·孙子吴起列传》)

「法译本《孙子兵法》」

汉魏之际,贾诩注释《吴子》,为吴子研究的开端。曹操"行军用师,大较依孙吴之法"。(《三国志·武帝纪》注引《魏书》)隋朝大将军韩擒虎和外甥李靖论兵,曾经感慨地说:"可与语孙吴者,非斯人尚谁哉!"(《新唐书·李靖传》)北宋神宗期间,《吴子》列入《武经七书》,成为武学的基本教材。

《吴子》作为兵学经典,不仅在中国兵学史上占有重要的地位,而且在世界军事史上,享有较高的声誉。唐开元二十三年(公元735年),日本遣唐使吉备真备把《孙子》《吴子》带到东瀛,并专门开设课堂,讲解这两部著作。清乾隆三十七年(公元1772年),法国传教士约瑟夫·

阿米欧把《孙子》《吴子》译成法文，《吴子》开始在欧洲传播，迄今拥有英、法、俄、德等译本。《吴子》和《孙子》一样，成为世界人民的共同财富。

《鹖冠子》

"兵者百岁不一用，然不可一日忘也，是故人道先兵。"出自《鹖冠子》的这句名言是说军事作为解决问题的一种手段，虽然一个国家百年可能不用一次，但是国家一日也不能把它忘却，否则将带来巨大危险，因此，君王应以整军经武为第一要事。此言与《司马法》中"天下虽安，忘战必危"有异曲同工之妙。

（一）鹖冠子的生平

鹖冠子是楚国灭国前的最后一位大思想家。关于他的生平事迹，见于文献记载的十分简略。在先秦文献中，没有关于鹖冠子记载，在汉代司马迁的《史记》中也没有记载其人其书。班固《汉书·艺文志》首次记载了鹖冠子的籍贯，说他是"楚人，居深山，以鹖为冠。"这一说法也为东汉应劭著的《风俗通义》所承继。

《风俗通义》记："鹖冠氏，楚贤人，以鹖为冠，因氏焉。鹖冠子著书。"北宋的《太平御览》引《高士传》较为全面记载了鹖冠子的生平事迹："鹖冠子或曰楚人，隐居幽山，衣弊履穿，以鹖为冠，莫测其名，因服成号。著书言道家事焉。冯（"冯"当为"庞"）援（"援"当为"煖"）常师事之，援后显赵，鹖冠子惧其荐己也，乃与

「战国铜戟」

「战国楚式剑」

援绝。"这则记载提供给我们这样几个信息：其一，鹖冠子为"楚人"，"隐居幽山"，说明他是楚国的隐士。其二，"以鹖为冠"，因而号称"鹖冠子"。其三，"著书言道家事"，是一位道家学者。其四，鹖冠子收徒讲学，赵国大将庞煖曾"师事之"。

关于鹖冠子的生活年代，应是楚国国势由盛转衰最后走向灭亡时期。战国中期，楚国仍然是拥有广大的疆土，强大的国力，是当时的"天下之强国也"，战国中期以后，楚国迅速衰落，在与秦、齐的势力争夺中一再失利。公元前300年，秦攻伐楚国，楚被迫使太子横为质于秦，次年，又受秦伪诈，楚怀王在武关被软禁；公元前278年，秦兵大规模南下，楚国首都郢都沦陷，楚顷襄王东迁都于陈。公元前241年，楚、赵等五国联合伐秦败后，楚考烈王再迁都于寿春。公元前223年，秦攻入寿春，楚亡。鹖冠子的一生始终与楚国的国势衰微相随，在《鹖冠子》一书中，不可避免地打上了楚国这一时期由盛转衰的深刻烙记。从《鹖冠子》中，我们看到作者对君王的怨恨，对佞臣的指责和对"大国"一蹶不振的失望情绪，全书中所提及的人和事都在楚亡之前，所提及的最晚的历史事件是鹖冠子的学生、赵国大将庞煖杀燕国大将剧辛，时值公元前240年。

(二)《鹖冠子》的军事思想

《鹖冠子》的最后成书应该是在楚迁都寿春(公元前241年)之后、楚被秦国灭亡(公元前223年)之前。《鹖冠子》在《汉书·艺文志》著录中属于道家，1篇。今本《鹖冠子》3卷19篇。《鹖冠子》一书比较集中论述军事问题的有《近迭》《世兵》《天权》《兵政》《世贤》《武灵王》等篇。

1. 政治生态对战争具有重大的影响

《鹖冠子》认为国家政治生态的好坏决定战争的胜负。影响政治生态的主要因素是君主的德行是否高尚、用人与赏罚是否得当等。其内容主要在《近迭》篇，认为"夫地大国富，民众兵强，曰足土有余力，而不能以先得志于天下者，其君不贤而行骄溢也"。是说一个国家国土辽阔，国富兵强，按理说国君可以"先得志于天下"，但是未能做到，原因就在于国君的"不贤而行骄溢"。君主不贤明，亲近小人，疏远贤臣，不效法先王之法制，而自以为是，就会出现"不贤则不能无为，而不可与致为"，国君心高气傲，瞧不起敌国，就会出现"骄则轻敌，轻敌则与所私谋其所不知为"，骄傲轻敌，只与宠臣密谋筹划，结果只能是对敌情茫然无知，计穷势蹙。

所以，《鹖冠子》认为明君应该学习先王古法，存精去芜，厘定新法，任贤使能，广开言路，择善而从，重视敌国，做到知彼知己，这样才能成为统一天下的天子，才能做到"知百法者桀雄"。

2. 效法天道，强调人道甚于天道

鹖冠子对于效法天地四时阴阳的看法，与先秦兵家有一脉相承之处。先秦兵家强调作战必须遵循天地四时规律。如《孙子兵法·计篇》："经之以五事，校之以计而索其情：一曰道，二曰天，三曰地，四曰将，五曰法。"《孙膑兵法·月战》说："天时、地利、人和，三者不得，虽胜有

「战国铜器纹饰中的攻战图」

殃。"天时地利是用兵作战的外部条件，不可违背，必须遵循。鹖冠子在《兵政》篇强调用兵必依三才之道："用兵之法，天之，地之，人之，赏以劝战，罚以必众。"他认为统帅用兵之道，应取道"天、地、人"三才，观察天地之变化，掌握天地自然变化之规律，并以赏罚措施来辅助治理军队，如此就能树威立信，使远近之民无不感化而折服。这是对先秦兵家思想

「战国铜器纹饰中的射箭图」

的继承,这种看法和传统兵家、道家相同。

《鹖冠子》不仅主张效法天道,遵循天地四时自然规律,而且强调人道甚于天道。鹖冠子认为圣王之道应以人为先,因为"天高而难知,有福不可请,有祸不可避,法天则戾。地广大深厚,多利而鲜威,法地则辱。时举错代,更无一,法时则贰。三者不可以立化树俗,故圣人弗法"(《近迭》)。天高难知,人要避祸就福,天不可能降福,则福祸由己,无涉天道。地道卑下,可亲而缺乏威严,若效法地道卑弱则陵辱。四时气候变化不定,不宜以此作为行事之圭臬。因为天地四时各有缺点,无助立化树俗,因此,圣王不效法它们。《鹖冠子》的这种看法是比较辩证的,既遵循天地四时变化规律,又不完全依靠天地,而把"人道"置于天道之前。

3. 强调用兵合乎"道之度数",战争指导要"因势用权"

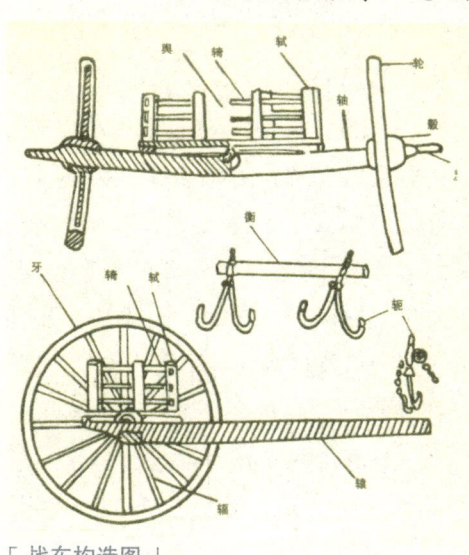

「战车构造图」

《鹖冠子》认为用兵之事自古有之,只要用兵合乎"道之度数",就会自然合理的,天地阴阳都不会因之而改变法则(《世兵》)。圣人之道,以人道为先,而人道又以兵为先,兵可以百年不用,但不可以一日不备,即"兵者百岁不一用,然不可一日忘也。是故人道先兵"(《近迭》)。对于如何"先兵",鹖冠子认为:"兵者,礼、义、忠、信也。"鹖冠子目睹一些大国国削势蹙的现实,深入地反省了产生这种情况的原因,因此,特别强调军事在治理国家中的重要性,认为君王要把治军当成治国的首要任务,并且要和礼、义、忠、信统一起来。

同时,在战争指导上,主张顺道合人,因势用权。强调"太上用计谋,其次因人事,其下战克",即通过"荧惑敌国之主",改变敌国之风俗,混淆敌国是非,达到不战而胜和以谋取胜的目的;在"敌国已素破"时,"兵从而攻之"。(《武灵王》)

4. 提出"知一不烦"和"以一度万"的军事哲学思想

这一思想主要体现在《度万》《世兵》《兵政》等篇,认为只要懂得并掌握了"一"这个最高法则,复杂的事物就会变得简单,就可以应付千变万化的情况;用以指导战争,就能克敌制胜,立于不败之地。对军事领域的一些矛盾现象,具有辩证的认识,认为"胜道不一,智者计全","死生相摄,气威相灭,虚实相依,得失相浮","失反为得,成反为败"(《世兵》)等。

(三)《鹖冠子》的价值

北宋陆佃"《鹖冠子》序"云:"其道驳,著书初本黄老,而末流迪于刑名"。《鹖冠子·学问篇》中"九道"为:"一曰道德,二曰阴阳,三曰法令,四曰天官,五曰神徵,六曰伎艺,七曰人情,八曰械器,九曰处兵。"可知《鹖冠子》以黄老刑名为本,兼及阴阳数术、兵家等学,这正是黄老一派道家的特点。研究这一时期的黄老之学,《鹖冠子》有重要价值。

《鹖冠子》主张行军应注重人事而不应只效法天地阴阳,这是"兵权谋家"的看法。《汉书·艺文志·兵书略》云该书可入"兵权谋"一类。同时,《鹖冠子·世兵篇》记载了赵悼襄王三年(公元前242年),庞煖率军击败燕军,杀其将领剧辛这一著名战役,因此,《鹖冠子》在军事史上也有一定地位。

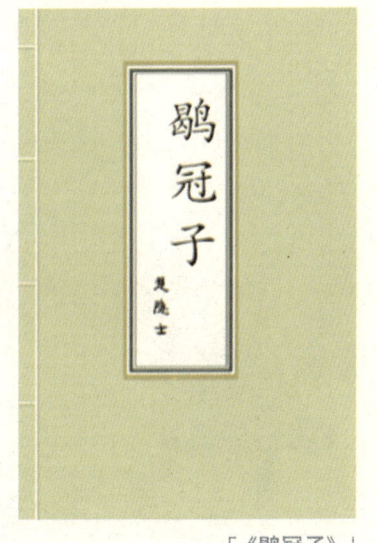

「《鹖冠子》」

可见,《鹖冠子》融贯黄老学派、兵阴阳家、兵权谋家思想于一体,并有新的发挥,丰富了中国古代军事思想。

魏晋南北朝隋唐时期兵学的发展

魏晋南北朝隋唐时期长江流域发生了多种多样的战争。战争使用的钢铁兵器已经发展到成熟精良的程度,战船建造和军事筑城已具有较高的水平,步战、骑战、攻城战、守城战、水战等作战方式,已成为交错并用和密切协同的作战方式,研究战争和军事的兵书内容也开始随之发生变化,它们既具有继承和发展综合研究的特点,又开创了分门别类研究的新体例。

诸葛亮《将苑》与《便宜十六策》

> 功盖三分国，名成八阵图。
> 江流石不转，遗恨失吞吴。

唐代大诗人杜甫的这首《八阵图》是作者初到夔州时所写的一首咏怀诸葛亮之作，写于唐代宗大历元年（公元766年）。诗歌前二句赞颂诸葛亮的丰功伟绩，尤其称颂他在军事上的才能和建树；后二句对刘备吞吴失师，葬送了诸葛亮联吴抗曹统一中国的宏图大业，表示惋惜。

（一）诸葛亮生平

诸葛亮（公元181—234年），字孔明，东汉琅琊阳都（今山东沂南县）人，三国时期杰出的政治家和军事家。早年隐居邓县隆中（今湖北襄阳西），被称为"卧龙"。

刘备三顾茅庐，请他出山。他向刘备提出了夺取荆（今湖南、湖北）、益（今四川），外结好孙权，内革新政治，积蓄力量，准备条件，统一全国的建议，即著名的《隆中对》。从此成为刘备的主要谋士。他辅佐刘备创建了蜀国，自任丞相。

刘禅继位后，诸葛亮被封为武乡侯，领益州牧，掌管蜀汉军政大权。当政其间，励精图治，赏罚严明，革除弊政，推行屯田，发展生产，改善和西南各民族的关系，对于西南地区的政治、经济的发展和民族团结做出了有益的贡献。他还积极推行联吴抗魏的战略方针，曾五次出兵攻魏，争夺中原。虽鞠躬尽瘁，死而后已，但因力不从心，于建兴十二年（公元234年）死于五丈原军中。他足智多谋，善于治军，相传革新连弩、创

「诸葛亮画像」

八阵图、造"木牛流马"，受到后人的崇敬。

诸葛亮熟悉传统兵学，应该说毫无疑问，而他撰有哪些兵学著作，却是含混不清。陈寿编辑《诸葛氏集》，收入各种文论24篇，包括《南征》《北出》《兵要》《军令》等。或许因为搜罗不全，在后世学术传播中，署名诸葛亮的著作，主要有《将苑》和《便宜十六策》。

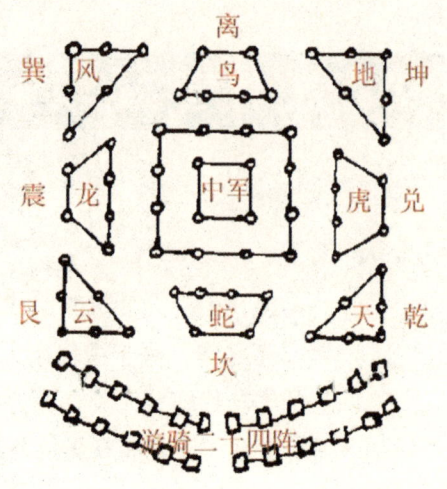

「八阵图」

（二）《将苑》主要内容

> 《将苑》1卷，共50篇，约5000字。比较全面系统地阐述了将领所应该具备的品格、修养、能力和素质，以及应该防止的弊端和应该杜绝的恶习，堪称中国古代为将之道集大成者，凝结了诸葛亮驾驭、识别、选拔、使用将领的艺术，受到历代军事家的重视和推崇，被认为是统军带兵的将领必读之书，是一本古代的"将才学"著作。

1. 选贤任能，任将授权

诸葛亮指出："夫将者，人命之所县（悬）也，成败之所系也，祸福之所倚也"（《假权》），将帅的职责关系到国家的安危，三军的生命，战争的成败，祸福的转化，所以必须选贤任能，做到知人善任。

诸葛亮把"知人之道"归纳为七个方面，"一曰：间之以是非而观其志；二曰：穷之以辞辩而观其变；三曰：咨之以计谋而观其识；四曰：告之以祸难而观其勇；五曰：醉之以酒而观其性；六曰：临之以利而观其廉；七曰：期之以事而观其信。"（《知人性》）通过这七个方面的综合观察、考察，来认识了解人的本质、才能。依此"择材"而用，发挥其长处，以求战胜攻取。

由于将帅责任重大、身系民命，为了充分发挥将帅的主观能动性和指

魏晋南北朝隋唐时期兵学的发展

「诸葛连弩」

挥才能，就必须授予全权，使其可以根据战场敌我态势的变化，果敢采取灵活策略。"夫兵权者，是三军之司命，主将之威势。将能执兵之权，操兵之要势，而临群下，譬如猛虎，加之羽翼，而翱翔四海，随所遇而施之。"（《兵权》）授予将帅以全权的兵权，使之放开手脚，如虎添翼，驰骋战场，临敌观变，随机应变，攻守自如，夺取胜利。否则，只能自取失败。所以，诸葛亮一再申明"将在军，君命有所不受"的原则，这是有道理的。

2. 要为"善将"，不为"恶将"

诸葛亮认为一个优秀的将帅应当富有智慧，要为"善将"，而不是骄傲自恃，为"恶将"。"善将"的标准有四条。"古之善将者有四：示之以进退，故人知禁；诱之以仁义，故人知礼；重之以是非，故人知劝；决之以赏罚，故人知信。禁、礼、劝、信，师之大经也。未有纲直而目不舒也，故能战必胜，攻必取。"（《善将》）善将具有禁、礼、劝、信的治军道德和指挥能力，故能指挥军队攻必取，战必胜。

诸葛亮依据将军的道德修养和自我意识的调节能力，把将领分为：将志、将刚、将弊、将骄、将诚等不同类型，告诫将军要加强自身的道德修养，提高知识水平，增强实战能力，切忌成为"恶将"。"恶将"有八种不善的恶行表现，"谋不能料是非，礼不能任贤良，政不能正刑法，富不能济穷厄，智不能备未形，虑不能防微密，达不能举所知，败不能无怨谤，此谓之八恶也。"（《将强》）将军如果不能克服掉这八种恶劣品质，必然招致战争失败。

3. 为将有情，爱兵如子

诸葛亮指出，良将、善将应当有人情，有爱心，体恤士卒，爱兵如子，与士卒同甘共苦，因此，他极为注意"将情"，并以此作为"为将之道"的一个重要内容，衡量将帅优劣的一个重要标准。"夫为将之道，军井未汲，将不言渴；军食未熟，将不言饥；军火未然，将不言寒；军幕未施，将不言困；夏不操扇，雨不张盖，与众同也。"（《将情》）军中将帅，

「木牛流马」

要体察下情，关心士卒的安危冷暖，疾苦饥渴，与士卒风雨同舟，患难与共，不搞特殊待遇，一切先考虑士卒的困难，这样才会受到士卒的拥护爱戴。

将帅不仅要与士卒同甘共苦，患难与共，而且要以身作则，率先垂范，吃苦在前，领功在后，爱兵如子，这样的将领，才是良将、善将。"古之善将者，养人如养己子。有难，则以身先之；有功，则以身后之。伤者，注而抚之；死者，哀而葬之；饥者，舍食而食之；寒者，解衣而衣之；智者，礼而禄之；勇者，赏而劝之。将能如此，所向必捷矣。"（《哀死》）将帅吃苦在先，享乐在后，处处关心、爱护士卒，士卒便会在战斗中奋勇当先，拼死效力，所向无敌。

诸葛亮深刻认识并体会到将帅在战争中的重要作用，故从各个方面阐明了"为将之道"，"将材之要"，"将恶之弊"，以及如何择材用贤等，有许多精辟之论，至今依然有其重要价值。《将苑》是中国兵学史上第一部论述为将之道的专著，流传较广，影响较大。

（三）《便宜十六策》主要内容

《便宜十六策》1卷，共16篇，故称"十六策"，约6000字。论述了治国治军的16个方面，包括："治国、君臣、视听、纳言、察疑、治人、举措、考黜、治军、赏罚、喜怒、治乱、教令、斩断、思虑、阴察"。

1. 治军如治国，分清先后；以上率下，教民习武

诸葛亮指出，军事是实现政治目的的手段，军队是为除暴安民而设立的。治理军队如同治理国家一样，要分清先后，"明君治其纲纪，政治当有先后，先理纲，后理纪；先理令，后理罚；先理近，后理远；先理内，后理外；先理本，后理末；先理强，后理弱；先理大，后理小；先理身，后理人。"（《治乱》）纲理则纪正，本立则末正。如此则三军不乱，万众一

心，做到战胜攻取。

同时强调治军理政，必须先从上做起。只有人君正其身，修其政，行其令，才能教民习武，从其令，为之战。"教令之政，谓上为下教也。……故人君先正其身，然后乃行其令。身不正则令不从，令不从则生变乱。故为君之道，以教令为先，诛罚为后；不教而战，是谓弃之。"（《教令》）诸葛亮继承了孔子的教民习武思想，要求以上率下，只有教民习武，民众才能听从号令、为国而战。否则，只能是"不教而战，是谓弃之"。

2. 在治军上，严明教令，赏罚分明

诸葛亮治军，十分重视教令的作用，强调教者要"正己"，被教者要"从令"。如此，则军治；反之，则军乱。因此，必须严明教令，"教令为先"。

"教令"是指有关军事训练的法令。教令颁布之后，即要严格执行，"当断不断，必受其乱"。（《斩断》）教令包括五项内容："使目"指熟悉旌旗的变化；"使耳"指辨别金鼓的声音；"使心"指了解赏罚的条例；"使手"指懂得兵器的使用；"使足"指适应战阵的要求。经过严格军事训练后，按照个人特点，"短者持矛戟，长者持弓弩，壮者持旌旗，勇者持金鼓，弱者给粮牧，智者为谋主。"（《教令》）分配相应的任务，组成坚强的军队，做到令行禁止。

同时，诸葛亮大力倡导赏罚分明，"赏罚之政，谓赏善罚恶也。赏以兴功，罚以禁奸；赏不可不平，罚不可不均。"（《赏罚》）以法治军，赏功罚罪，赏罚必须分明、公正。

诸葛亮在其主持的军国大事中，处处遵行赏罚严明的原则。不仅如此，而且身体力行，说到做到，以身作则。在马谡失街亭之后，深责自己用人不当，举措失宜，除了斩马谡外，还上疏自贬三级。

3. 在战争指导方面，先定计谋，因势求胜

诸葛亮之所以能"运筹于帷幄之中，决胜于千里之外"，就在于有智慧，用计谋，并做到运用之妙，存乎一心。"夫用兵之道，先定其谋，然后乃施其事。"（《治军》）制定计谋，还必须"思虑"，只有反复思虑，才能定下周密的计谋。"思虑之政，谓思近虑远也。夫人无远虑，必有近忧，故君子思不出其位。思者，正谋也；虑者，思事之计也。……君子视

「《便宜十六策》」

微知著,见始知终,祸无从起,此思虑之政也。"(《思虑》)诸葛亮深知,智者之思就在于其能思近虑远,思利虑害,思成虑败;见小虑大,见微知著,见始知终。如此思虑谋计,做好准备,则使祸患无从起,克敌无不胜。

同时,诸葛亮强调用兵乘势,因势求胜。"夫计谋欲密,攻敌欲疾,获若鹰击,战如河决,则兵未劳而敌自散,此用兵之势也。……势不虚动,运如圆石,从高坠下,所向者碎,不可救止。是以无敌于前,无敌于后,此用兵之势也"。(《治军》)所谓"势",就是突然爆发的打击力量,如鹰击获物,江河决堤,高山滚圆石,所向无敌。因此,用兵要因势利导,乘势取胜。

《便宜十六策》在继承前人治军思想的基础上,亦有所发挥,受到后人重视。

檀道济"唱筹量沙"与《三十六计》

南朝梁萧子显《南齐书·王敬则传》记载,王敬则于齐明帝永泰元年(公元498年)起兵反齐:"是时上疾已笃,敬则仓促东起,朝廷震惧。东昏侯(太子宝卷)在东宫,议欲叛,使人上屋望,见征虏亭失火,谓敬则至,急装欲走。有告敬则者,敬则曰:'檀公三十六策,走是上计。汝父子唯应急走耳。'"其中"檀公三十六策,走是上计"中的"檀公"就是南朝宋将领檀道济,"三十六策"就是我们所说的《三十六计》,这是《三十六计》最初见之于文献。

(一)檀道济生平

檀道济戎马倥偬,战绩卓著。根据他多年的战争经验,总结出三十六计,为后世留下了宝贵的军事著作遗产,被载入史册。

> 檀道济(？—436年)，南朝宋将领。祖籍高平金乡(今山东金乡县)，出生于京口(今江苏镇江)。身出寒门，从军二十余年，由士兵升至大将军。东晋末，从刘裕攻后秦，屡立战功，官至征南大将军。后文帝以其前朝重臣，诸子皆善战，忌而杀之。

(二)檀道济"唱筹量沙"

公元420年，南朝的宋武帝刘裕取代东晋政权，改国号宋，定都建康(今南京)。宋武帝刘裕做了两年皇帝，到第三年，就病死了。公元424年，宋武帝的第三子刘义隆即位，是为宋文帝。

宋文帝继位之后，积极谋划北伐之事。据史书记载：元嘉七年（公元430年）3月，宋文帝诏书曰："河南，中国多故，湮没非所，遗黎荼炭，每用矜怀。今民和年丰，方隅无事，宜时经理，以固疆场"，于是派遣到彦之等人率军北伐。此次北伐，初期十分顺利，收复了北魏占领的一些河南失地。但是，到了11月，北魏大军南渡黄河，大举南犯，已经收复的洛阳、滑台、虎牢等地又被北魏大军攻下。在宋军与北魏军的攻守之中，以滑台之战最为激烈，《宋书·朱修之传》载，其"随到彦之北伐。彦之自河南回，留修之成滑台，为虏所围，数月粮尽，将士熏鼠食之，遂陷于虏。"

由于到彦之在河南处境艰难，有全军覆没之虞，于是宋文帝派檀道济驰援接应。《南史·檀道济传》载："元嘉八年，到彦之侵魏，已平河南，复失之。道济都督征讨诸军事，北略地，转战至济上，魏军盛，遂克滑台。道济时与魏军三十余战多捷，军至历城，以资运竭乃还。"檀道济的将士虽然英勇善战，但是断了军粮，就没法维持下去，准备从历城退兵。宋军中有个兵士逃到魏营投降，把宋军缺粮的

「檀道济」

情况告诉了北魏的将领。北魏就派出大军追赶檀道济,想把宋军围困起来。宋军将士看到大批魏军围上来,都有点害怕,有的兵士偷偷逃跑了。檀道济却不慌不忙地命令将士就地扎营休息。

当天晚上,宋军军营里灯火通明,檀道济亲自带领一批管粮的兵士在一个营寨里查点粮食。一些兵士手里拿着竹筹唱着计数,另一些兵士用斗子在量米。有人偷偷地向营里望了一下,只见一只只米袋里面都是雪白的大米。这个消息马上被魏兵的探子听到了,赶快去告诉魏将。说檀道济营里军粮还绰绰有余,要想跟檀道济决战,准是又打败仗。魏将得到情报,以为前面来告密的宋兵是假投降,来诱骗他们上当的,就把投降的宋兵杀了。其实,魏将中了檀道济的计。檀道济在营里量的并不是白米,而是一斗斗的沙土,只是在沙土上覆盖着少量白米罢了。

到了第二天天色发白,檀道济命令将士戴盔披甲,自己穿着便服,乘着一辆马车,大模大样地沿着大路向南转移。魏将被檀道济打败过多次,本来对宋军有点害怕,再看到宋军从容不迫地撤退,认为宋军肯定有埋伏,不敢追赶。檀道济靠他的镇静和智谋,"虽不克定河南,全军而返,雄名大振,魏甚惮之。"

檀道济凭借"唱筹量沙"之计顺利退兵,是当时他所能运用的保全宋军,安全回师的最好办法,无怪乎被称之为"走是上计"。

(三)《三十六计》介绍

《三十六计》每计的编排体例:是先出计名,次作解语,再加按语。解语前半部分多引自兵法,后半部分多引自《易经》;按语又是对解语的阐释,一般先理论上阐述,后举实例相参证,较易理解。如第十六计"欲擒故纵"的按语,先解释"所谓'纵'者,非放之也,随之,而稍松之耳。'穷寇勿追',亦即此意。盖不追者,非不随也,不迫之

「四川宜宾"三十六计"摩崖石刻」

而已。"然后引武侯擒孟获事参证，"武侯之七纵七擒，即纵而蹑之，故展转推进，至于不毛之地。武侯之七纵，其意在拓地，在借孟获以服诸蛮，非兵法也。若论战，则擒者不可复纵。"

> 现今所见的《三十六计》，注有"秘本兵法"字样，是一部收录兵家权谋的通俗读物。全书将权谋分为六套，即胜战计、敌战计、攻战计、混战计、并战计和败战计。其中胜战计、敌战计、攻战计，是处于优势情况下使用的计谋；混战计、并战计、败战计，是处于劣势情况下使用的计谋。
>
> 每一套又分出六个计谋：胜战计分瞒天过海、围魏救赵、借刀杀人、以逸待劳、趁火打劫、声东击西；敌战计分无中生有、暗渡陈仓、隔岸观火、笑里藏刀、李代桃僵、顺手牵羊；攻战计分为打草惊蛇、借尸还魂、调虎离山、欲擒故纵、抛砖引玉、擒贼擒王；混战计分为釜底抽薪、混水摸鱼、金蝉脱壳、关门捉贼、远交近攻、假道伐虢；并战计分为偷梁换柱、指桑骂槐、假痴不癫、上屋抽梯、树上开花、反客为主；败战计分为美人计、空城计、反间计、苦肉计、连环计、走为上。全套共有三十六种计谋。

《三十六计》每计都有一定的出处和用途。有的是对战争艺术的总结，如"围魏救赵"出自战国中期齐国和魏国的桂陵之战，是孙膑提出的攻其必救、歼其必退的典型战法；"暗渡陈仓"全称为"明修栈道，暗渡陈仓"，是汉高祖刘邦为夺得关中而采取的以正面佯动，来掩护进攻路线的作战方针。有的是对历史经验的概括，如"假道伐虢"出自春秋中期晋国吞并虢、虞两国的战法，是强国对付弱国、一举两得的有效手段；"远交近攻"是秦国在统一天下的过程中，根据范雎的主张而制定的结交远邦、攻取近邻的外交方略。有的是对兵学著作的摘录，如"以逸待劳"出自《孙子·军争》，同"以近待远"、"以

「空城计」

饱待饥"合为掌握军队战斗力的三种途径;"反间计"出自《孙子·用间》,同"乡间"、"内间"、"死间"、"生间"合为常用的五种间谍活动方式。有的是对文学作品的借用,如"李代桃僵"语见《乐府诗集·鸡鸣篇》:"桃生露井上,李树生桃旁,虫来啮桃根,李树代桃僵",引申为一种以较小的代价,换取较大利益的应变手段;"擒贼擒王"取自杜甫《前出塞》第六首:"挽弓当挽强,用箭当用长;射人先射马,擒贼先擒王",是一种抓住要害,争取彻底胜利的原则。

《三十六计》蕴含着丰富的朴素辩证法思想。《三十六计》集古代兵家"诡道"之大成,专讲军事谋略的兵书。由于它以《易经》的阴阳燮理,推演兵法的奇正、刚柔、攻守、进退、主客、虚实等的相互转化,所以,全书含有丰富的朴素军事辩证法思想。如在"总说"中指出:"六六三十六,数中有术,术中有数。阴阳燮理,机在其中。机不可设,设则不中。"从"数"与"术"、"阴"与"阳"的辩证关系,推演出了计谋的运用要根据客观情况的发展变化,不可生搬硬套和预先凭空安排。这就为全书提供了一个思考问题的辩证方法。它在每一计的解语中都能注意到矛盾对立双方的相互转化,变不利因素为有利因素,转败为胜;还注意到了局部与全局的辩证关系,认为"势必有损,损阴以益阳"。意思是当战争的形势发展到必然会有所损失的时候,要用局部的损失来换取全局的胜利。

全书贯穿着一条战略战术原则,即形势不利不要冒进,敌人强大时不要硬攻。形势对敌有利时,要"待天以困之,用人以诱之";敌人"将多兵众,不可以敌"。

《三十六计》即三十六条成语。这样编撰形式,使得它的内容便于记忆,也很容易理解和借鉴,因而一经刊布于世,就在民间广泛地流传开来。与其他兵学著作相比较,《三十六计》自有独特的魅力。

赵蕤《长短经·兵权》

唐玄宗开元四年(公元716年),赵蕤编撰出《长短经》。书成之后,绵州李白慕名前来拜访。李白有济世安邦的宏伟抱负,对《长短经》中所讲治国谋略非常感兴趣,于是,拜赵蕤为师。赵蕤将自己的文韬武略,悉数传给李白,这对李白的人生产生了深远的影响,李白与赵蕤结下了深厚的师友情谊。从此,赵蕤与李白成为唐代"蜀中二杰",以"赵蕤术数,李白文章"并称。

「赵蕤」

(一)赵蕤的生平

> 赵蕤(生卒年不可详考),字太宾,又字云卿,号东岩子,梓州盐亭(今四川盐亭县)人。唐朝开元时期的隐士。据清代《盐亭县志》云:他一生未曾出仕,隐居于郪县(今四川三台县)长平山,与李白过从甚密。他在隐居生活中,博考《六经》诸家异同之旨,著成《长短经》。北宋孙光宪《北梦琐言》说:赵蕤"博学韬钤,长于经世,夫妇俱有隐操,不应辟召"。

赵蕤在《长短经·兵权序》中说:"自古兵书殆将千计,若不知合变,虽多亦奚以为?故曰少则得,多则惑,所以举体要,而作《兵权》。"可见,《兵权》的编撰,实有感于兵书浩繁,对于研习者来说,内容精到则有所收获,体系庞杂则有所困惑,所以要删繁就简,把传统兵学条理化,以便于学者阅读。

(二)《长短经·兵权》主要内容

> 《长短经·兵权》包括24篇:即《出军》《练士》《结营》《道德》《禁令》、《教战》《天时》《地形》《水火》《五间》《将体》《料敌》《势略》《攻心》《伐交》《格形》《蛇势》《先胜》《围师》《变通》《利害》《奇正》《掩发》《还师》等。主要依据《孙子》《吴子》《司马法》《六韬》《三略》等著作,论述战争、战争指导和军队建设问题,由此构建了一套兵学理论。

1. 在战争观方面，认为兵为凶器，强调战争的正义性

赵蕤继承了老子的"兵者，不祥之器"的思想，认为不能随意动用这种凶器，只有到了万不得已才能用兵。赵蕤说："夫兵者，凶器也。战者，危事也。……救乱诛暴，谓之义兵，兵义者王；敌加于己，不得已而用之，谓之应兵，兵应者胜；争恨小故，不胜愤怒者，谓之忿兵，兵忿者败；利人土地宝货者，谓之贪兵，兵贪者破；恃国之大，矜人之众，欲见威于敌，谓之骄兵，兵骄者灭。是知圣人之用兵也，非好乐之，将以诛暴讨乱。"（《兵权·出军》）

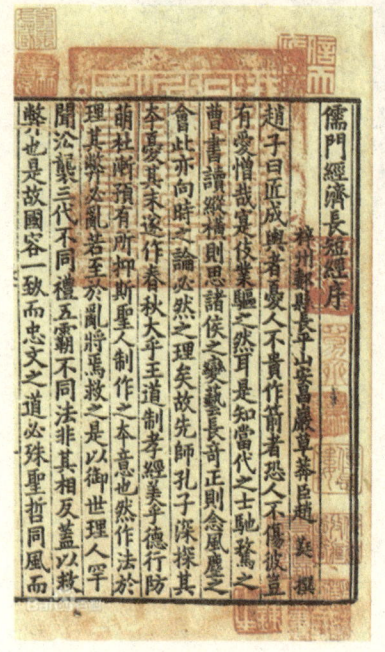

「宋本《长短经》」

赵蕤继承"兵凶战危"的观点，根据战争的性质，划分出五种战争："义兵"、"应兵"、"忿兵"、"贪兵"和"骄兵"，并分别加以说明认为兵义者王，兵应者胜，兵忿者败，兵贪者败，兵骄者灭。这种战争分类，大体出自《吴子》。其中"义兵"、"应兵"是正义战争，"忿兵"、"贪兵"、"骄兵"是非正义战争。正义战争必胜，非正义战争必败。在赵蕤看来，君主治理国家，应当以文德为主，"远人不服，则修文德以来之，不以德来，然后命将出师矣"（《长短经·兵权·出军》），所以，战争对于治国来说，只是一种次要手段。

2. 在军队建设方面，主张选才择将，教士而战

赵蕤认识到将领对国家的重要性，在战争中的主导性，因此他强调选才择将。他说："夫将者，国之辅也，人之司命也。故曰：将不知兵，以其主与敌也；君不择将，以其国与敌也。

赵蕤不仅重视将帅的作用，而且也十分重视士卒的作用。他认为，战争的胜利是将帅与士卒合力的结果。因此，他强调简练士卒，教民而战。他说："孔子曰：'不教人战，是谓弃之。'故知卒不服习，起居不精，前击后解，与金鼓之音相失，百不当一，此弃之者也。……故教使一人学战，教成合之十人。十人学战，教成合之百人，渐至三军之众。"（《兵权·教战》）教民习战，熟悉战法，精通战术，可以提高战斗力。不教而战，无异

于叫人去送死。教战之法，教一人学战，再教之十人，十人教之百人，百人渐至三军。三军之众，都学会战法，打起仗来，就能做到"将之所麾，莫不从移；将之所指，莫不前死。"（《兵权·教战》）懂战法，有战技，守纪律，不怕死的军队，就可以无往而不胜了。

3. 在作战指挥方面，强调知彼知己，探知敌情

赵蕤吸取了孙子的"知彼知己"思想，并对用间知敌作了具体的发挥。赵蕤认为，两国交战、两军对垒，必须知彼知己，探知敌情，才能决策。"夫两国治戎，交和而和，不以冥冥决事，必先探于敌情。故孙子曰：'胜兵先胜而后战。'"知而战，战而胜，才能做到"胜兵先胜"。

赵蕤认为，知敌、料敌，要在"用间"。他与孙子一样，都认为"三军之亲，莫亲于间，赏莫厚于间，事莫密于闻。非圣智莫能用间，非密微莫能得间之实。此三军之要，唯贤哲之所留意也。"（《兵权·五间》）因为间谍索取情报对于察知、伺探敌人的情报，起着重要的作用，所以要亲近、厚赏、善待间谍。五间俱用，敌情尽知，料敌如神，无往不胜。

(三)《长短经·兵权》评价

《长短经》是一部谋略著作，论述经权达变问题。四库馆臣评论说："此书辨析事势，其源盖出于纵横家，故以长短为名。虽因时制变，不免为事功之学，而大旨主于实用，非策士诡谲之谋。"（《钦定四库全书总目·子部二十七》）

通观赵蕤《长短经·兵权》所反映的兵学思想，虽多非其创见，但展现了他对古代军事谋略的高超运用和发挥，从中我们可以窥见古代"纵横家"广采博纳的用兵谋略智慧。由于这些军事谋略智慧是以一般认识论和方法论为根据，凝结着人类的智慧，所以研究这些军事思想对今天的军事谋略思想的发展仍有启贤益智的意义。

两宋时期兵学的繁荣

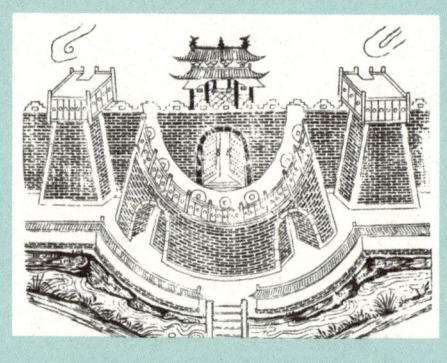

两宋时期,除了进行王朝统一战争、统治阶级内部战争、农民起义外,还发生了北方少数民族多次问鼎中原的战争。战争中不但使用更为精良的钢铁兵器,而且还把火药用于战争,进入了火器与冷兵器并用的时期,并引发了中国古代军事的变革。丰富的军事实践,为兵家编纂大型军事著作,提供了取之不尽的素材。在这种大背景下,长江流域兵法迎来了繁荣时期。

许洞《虎钤经》

春秋时期，孙武曾隐居苏州穹窿山，写就了传世的兵学圣典《孙子兵法》。北宋时期，在苏州历史上又诞生了另外一位精通军事理论的奇才——许洞，写就了军事名著《虎钤经》。

（一）许洞的生平

> 许洞（公元976—1015年），字洞天（一作渊夫），吴郡（今江苏吴县）人，生于官僚家庭。自幼喜好武艺，练习射箭、击刺等技巧，长大后折节励学，精通《左传》。公元1000年中进士，出任雄武军（今甘肃天水）推官。不久，因为到州府办理事务，怒杖缺少礼仪的士卒，并致书责备知州马知节，被马知节视为狂狷不逊，加上他曾经挪用公款，被奏劾除名，罢官回原籍苏州。
>
> 许洞为人清高自傲，在丢官回家后，过着闲散的生活，时常以"酣饮为事"，不过，许洞并未消极堕落，仍然十分关心朝廷大计，潜心于兵学研究，大约经过4年时间，在公元1004年，写成《虎钤经》。

许洞并未带过兵、打过仗，撰写《虎钤经》主要出自于个人爱好。他自称"素好奇正之变，由是而言之"（《虎钤经序》），也就是说因为偏爱兵学，才来研究军事问题，而当时传世的兵学著作，还不能令他满意，也是他著书的原因。

《虎钤经序》说："自古兵法多矣，然孙子之法奥而精，使学者难于晓用。诸家之法肤而浅，或用者丧于师律，浅深长短，迭为表里，酌中之理，诚难得焉。又观李筌所著《太白阴经》，论心术则秘而不言，

「许洞」

谈阴阳则散而不备，以是观之，诚非具美。臣今上采孙子、李筌之要，明演其术；下撮天时、人事之变，备举其占。或作于己见，或述于古人，名曰《虎钤经》。"

《虎钤经》的命名在于"虎钤"二字，"虎"指"兵符"，"钤"指"钥匙"。运用知识的钥匙开启军事的大门，足见许洞的气度。

依照许洞的看法，兵学理论的研究对于宋朝廷来说，是一项紧要的工作。"重门击柝，所以待暴客；弦弧剡矢，所以利天下。开龙韬而拓统，奋虎略而御侮，自三代以来，未有废而不用者也。"（《虎钤经表》）作为一位有志之士，借助于研究兵学，可以显示军事才能，得到朝廷的起用。所以，在《虎钤经》完稿不久，他怀着强烈的抱负，把它进献给朝廷。

公元1005年，许洞再度来到京城，应试"洞识韬略，运筹决胜"科，把《虎钤经》献给朝廷。但在此时，宋真宗无心征战，只希望修养天下，不惜出30万岁币，奉送于辽国，以换取和平局面。许洞怀才不遇，未能在朝廷供职，仅被任命为均州（今湖北丹江口）参军。公元1011年，宋真宗到汾阴（今山西万荣）祭祖，许洞进献《三盛礼赋》，被召试于中书省，改乌江县（今安徽和县）主簿，直至去世，年仅42岁。

（二）《虎钤经》的主要内容

《虎钤经》20卷，每卷包括若干篇，每篇讨论一个问题，共有210篇。大体可分为两部分：前10卷113篇，主要讨论战争的胜负、治军、训练、阵法、料敌、作战的一般理论和各项具体战术原则，以及记时、方位识别、金鼓旗号、人马医护等军中实用的学问，价值较大；后10卷87篇叙述"六壬遁甲，星辰日月，风云气候，风角鸟情"，阴阳占候等问题，在今天看来，属谎诞之言，但在古代却是军队中客观存在的事物，从这个意义上说，它也是研究古代军事思想史的重要资料。

许洞在《上虎钤经表》中就其基本内容高度地概括为："要其书，上言人谋，中言地利，下言天时，虽纷挐错综，终始备具，枝分派别，凡在师中吉者，必贯穿条举。其有引正道，征不庭，则尧舜之谋具矣。伐四

两宋时期兵学的繁荣

夷,驭异类,则周宣之武尽矣;建庙谟,开经济,则良平之策存矣;用诡道,出奇谋,则韩白之机在矣;听禽鸟之声,察风云之变,则师旷、离娄之议举矣。撮古人之志,剖愚虑所得丛萃乎其间,亦兵家渊薮也。"

据此可知,上言人谋,中言地利,下言天时,是《虎钤经》的基本框架。在这一框架之下,凡有益于战争的知识,都被吸收进来,尽管内容庞杂,但尽可能条理清晰。如果需要维护正统,征讨叛逆,就有尧舜的谋略;如果讨伐四夷,征服异族,就有周宣王的武略;如果运筹帷幄,治理

「《虎钤经》」

国家,就有张良、陈平的策略;如果需要奇谋,运用诡道,就有韩信、白起的机略。通过汇集前人的精粹,许洞对战争、战争指导和军队建设问题,作出较系统的论述,构筑起一个兵学体系。

1. 强调人在战争中的决定作用

全书开篇首先提出了天、地、人所谓"三才"概念,并认为三者之间的关系人是第一位的,"先以人,次以地,次以天,然后攻之必克敌也。"这就是说,如果人能充分发挥主观能动性,能利用地利,顺应天时,便可以取得战争的胜利。还认为"人者,天地之心也。苟心不正,虽有其表,将焉用乎?"所以,他特别重视将帅和士卒在战争中的作用,认为国君要依靠将帅,将帅要依靠士卒,"师之成败见之于将焉"。而将帅"智敌万人,苟无万人之用,与愚者同矣。勇冠三军,苟无三军之用,与懦者同矣。"也就是说,作为一名将帅,即使智力超过万人,倘若没有万人使唤,就跟愚笨者一样;即使勇冠三军,倘若三军不听命令,就跟怯懦者一样。

2. 重视谋略,谋划战争要作周密和全过程的考虑

一是未战之前要"先谋":欲谋用兵,先谋安民;欲谋攻敌,先谋赏罚等。还要先定必胜之术,做到"三和"(和于国、和于军、和于阵)、"三有余"(力有余、食有余、义有余)、"三必行"(必行其谋、必行其赏、

必行其罚)。二是既战之后,要善于夺恃、夺气(伺敌力衰而乘之)、夺隘(据隘设伏,示弱以诱之)、夺勇(待敌动时而攻之)等;要善于"袭虚",以佯动、诱敌击其虚;要"任势",乘机击敌懈怠,设伏击敌不意,乘胜扩大战果等。三是对作战过程中的胜败,要"胜不可专,败不可不专"(《胜败》),即胜利时不要一味想到胜利,还要想到可能出现的失败;失败时则要专心思考失败的原因,以便找出反败为胜的办法。

3. 作战指导思想,强调"用兵之术,知变为大"

认为"兵术万途,不可专一","兵家之利,利在变通之机",强调要根据当时当地的天时、地利与人和的条件来布阵作战。所以,他主张要弄清敌情以后再行动,"动为客,静为主,观敌之动如何,乃应之。先胜而后举,神明之道也。"在这一思想指导下,他还提出了逆用地形,逆用古法的战术原则,就是根据战场的具体情况按照与古法相反的方法布阵作战,以出敌不意。当然逆用古法是有条件的,不可乱用,许洞指出:"夫兴师之际,当先探敌将才不才。设若敌将不能以兵法使众,惟以勇敢为己任,我则顺古法待之也。或敌将善用古法,我则逆用古法待之也。"也就是说,在出兵作战之际,应当先摸清敌人将领的才能,假若敌将缺乏才能,不按照兵法行事,只是靠勇敢作战,就可以沿用传统的战法,来对付敌人。假若敌将有才能,善于运用传统战法,那就要反用传统战法,来对付敌人。沿用或者反用传统战法,要视具体情况而定。对于古阵法,他反对照搬照抄,主张"因辨古阵之法,创造新意",书中长虹、重覆等阵就是他参照古法创造的新阵法。

(三)《虎钤经》的价值

《虎钤经》内容丰富,比较完备地记载了攻守城战法、器具以及水战、火攻等特种条件下的作战方法,汇集了不少阵法,并创造了诸如飞鹗、长虹等阵法,还汇集了与军事有关的天文、历法、记时及识别方位等知识,有许多为过去兵书所少有。它述古时能参以己意,对古代军事思想作了许多新的阐述和发挥。所强调的灵活用兵原则,切中时弊,对北宋用兵具有一定的指导意义,对其后问世的《武经总要》《何博士备论》等兵学著作也产生了积极的影响。

苏洵《权书》

北宋嘉祐元年（公元1056年），47岁的苏洵携其子苏轼、苏辙，一同离开家乡四川来到京城游学，以其所著的22篇文论拜谒当时的文坛领袖欧阳修。欧阳修看了苏洵的文章后，十分赞赏。欧阳修认为苏洵文章，可与刘向、贾谊相媲美。欧阳修平时非常器重有才华的人，这次更不例外，于是，欧阳修将苏洵的22篇文章推荐给朝廷，受到朝廷的重视。朝廷将苏洵的文章刊印出来之后，"士大夫争传之，一时学者竞效苏氏为文章"。（《宋史·苏洵传》）苏洵从此闻名于世。公元1057年科考，苏轼、苏辙两兄弟同榜登第，再次轰动京城。从此，"三苏"之名在中国历史上留下了浓墨重彩一笔。

（一）苏洵的生平

苏洵一生著述甚丰，多以策论、史论、兵法为主题，结合实用目标，字里行间都寄托着他的人生追求，希望当政者能"深晓其义施之于今"，从而对宋代政治有所革新，使国家走上富强。所著22篇文论，包括《权书》10篇、《衡论》10篇、《几策》2篇，此外有《文集》20卷、《谥法》3卷。

「苏洵画像」

苏洵（公元1009—1066年），字明允，号老泉，眉州眉山（今四川眉山）人。少年时期不好读书，喜爱游历，自言"少年喜奇迹，落拓鞍马间"（《忆山送人》）。27岁时，开始闭门读书，发奋学习，通晓六经、百家之说，下笔顷刻数千言。公元1060年，经宰相韩琦推荐，苏洵被任命为秘书省校书郎，以霸州文安县主簿的职务，参与编纂建隆以来礼书。公元1065年9月书成，翌年，苏洵病逝于京师。

(二)《权书》的主要内容

《权书》10篇,包括两部分内容,前半部分有《心术》《法制》《强弱》《攻守》《明间》5篇,主要讨论军事谋略;后半部分有《孙武》《子贡》《六国》《项籍》《高祖》5篇,主要评论军事人物。《权书》集兵法、史论为一体,具有广泛而深厚的思想内容。

1. 在战争观上,强调战争的正义性

苏洵认为"凡兵上(尚)义,不义,虽利勿动。非一动之为害,而他日将有所不可措手足也。夫惟义可以怒士,士以义怒,可与百战。"(《心术》)不义的战争,逐"利"的战争,即使一时不为害,但从长远看肯定是不利的,会弄到不可收拾的地步。只有正义的战争才能激发士气,只有士气旺盛,才能百战不殆。战争的全过程有很多事情要作,但最重要的是要保持战士的旺盛的斗志。

同时,认为"凡战之道,未战养其财,将战养其力,既战养其气,既胜养其心。"(《心术》)要求不仅要做好充分的物质准备,而且要始终保持士气旺盛。经常保持由战争的正义性而激发起来的对敌人的愤慨,经常保持要彻底战胜敌人的斗志,才能做到"虽并天下,而士不厌兵",否则,"一战而胜,不可用矣"。在分析了旺盛的士气同充分的物质准备之间的关系后,认为二者不可或缺,只有做好充分的物质准备才能始终保持旺盛的斗志。

正是从战争的正义性出发,苏洵不赞成任智弃信。在《子贡》中说:"世之儒者曰:'徒智可以成也。'人见乎徒智之可以成也,则举而弃乎信。吾则曰:徒智可以成也,而不可以继也。"人们看到用机智就可以成事,于是就全都抛弃诚信。但是智谋可取得一时的胜利,不可能取得持久的胜利;诈术可使对方一时上当,不可能使对方继续上当,永远上当。

2. 在战略上,强调主动,反对"先图所守"

为了能够在战略上获得主动权,苏洵认为应该不惜小有所失,"不有所弃,不可以得天下之势;不有所忍,不可以尽天下之利。"(《项籍》)

是说不能舍弃一些东西，就不能取得天下的形势；不能忍让一些事情，就不能完全拥有天下的财利。苏洵认为在楚汉争霸中项羽败于刘邦，原因在于项羽不懂得战略上主动的重要性，不能忍小失以谋大利，认为"项籍有取天下之才，而无取天下之虑。"所谓"虑"，就是夺取天下的战略眼光。他认为项羽在巨鹿之战中的正确战略应该是"急引军趋秦"，"据咸阳，制天下"。而不应"区区与秦将争一旦之命"，更不应趋军"解赵之围"，而应直捣咸阳，赵围自解。项羽计不知出此，让刘邦先攻入秦都咸阳，这样，"秦人既已安沛公而仇籍"，"则天下之势在汉不在楚。楚虽百战百胜，尚何益哉！"

同时，反对"先图所守"。认为"古之取天下者，常先图所守。诸葛孔明弃荆州而就西蜀，吾知其无能为也。"诸葛亮能做到三分天下而未能统一天下，其失就在"先图所守"。因为偏僻而又出入不便的西蜀不足以控制天下，"吾尝观蜀之险，其守不可出，其出不可继，兢兢而自完，犹且不给，而何足以制中原哉！"是说我曾经去观察过那里的险要形势，它利于防守，不利于出击；出击时后边的军队就接续不上。像这种险要之地，战战兢兢地防守以求保全自身，而且不能得到充足的物资供应，怎么能够靠它来夺取中原的广大地区呢。

3. 在战术上，要把握好进攻和防御的辩证关系

苏洵认为"兵莫危于攻，莫难于守，客主之势然也"（《法制》），受作战态势的支配影响，进攻作战最危险，防御作战最困难。不过，无论进攻和防御，都有可遵循的原则。"古之善攻者，不尽兵以攻坚城；善守者，不尽兵以守敌冲"，"攻敌所不守，守敌所不攻"（《攻守》），善于进攻，不会把全部兵力用来攻打防守坚固的城池；善于防守，不会把全部兵力用于守备敌人出击的地方。进攻应该选择敌人不设防之地，防守也应防守敌人所不攻打之地。

从用兵布阵来看，进攻、防御各有三种形式："正"、"奇"和"伏"，并会导致不同的效果。"兵出于正道，胜败未可知也；出于奇道，十出而五胜矣；出于伏道，十出而十胜矣。"（《攻守》）正道就是在"车毂击，人肩摩，出亦此，入亦此，我所必攻，彼所必守者"的地方作战。正道之城皆坚城，正道之兵皆精兵，进攻这样的地方很难取胜，曹操赤壁之败就是

例子。奇道就是"大兵攻其南,锐兵出其北;大兵攻其东,锐兵出其西",采用声东击西的办法,这就比较容易取胜,唐代李朔雪夜袭蔡州就是靠此获胜的。伏道就是偷袭,于"大山峻谷,中盘绝径,潜师其间,不鸣金,不挝鼓,突出乎平川,以冲敌人腹心",这更容易取胜,邓艾攻蜀就是采用这种办法。

"正"、"奇"、"伏"三种用兵方法中,伏兵效果最好,所以特别重视伏兵。认为要以伏道取胜,敌人也必然以伏兵袭我,因此,苏洵还提出了防止伏兵的办法。这就是"以众入险阻,必分军而疏行",因为"险阻必有伏",分军"则伏不知所击"(《法制》),这样才能避免被敌人所伏击。

(三)《权书》的评价

欧阳修在《荐布衣苏洵状》评价苏洵说:"其论义精于物理而善识权变,文章不为空言而期于有用。其所撰《权书》《衡论》《几策》二十二篇,博于古而宜于今,实有用之言,非特能文之士也。"苏洵以文深得欧阳修礼遇,苏洵死后,欧阳修还亲自为他撰写了墓志铭。

清代章学诚在《校雠通义·宗刘》中评论唐宋八大家时说:"今即世俗所谓唐宋大家之集论之,如韩愈之儒家,柳宗元之名家,苏洵之兵家,苏轼之纵横家,王安石之法家,皆以生平所得,见于文字,旨无旁出,即古人之所以自成一子者也。"由此可知,苏洵在《权书》中的军事见解,得到后人的承认。苏洵在《权书·序》说:"《权书》,兵书也,而所以用仁济义之术也。"据此可知,苏洵研究兵学的目的在于"用仁济义"。为了达到这一目的,他一方面恪守传统的仁义理念,一方面重视适用的谋略手段,试图通过深入的论述,把仁义和谋略统一起来。

苏洵作为文学家,讨论战争及战争指导问题,自然与兵学家不一致,其中最大的区别,是不赞同《孙子兵法》"兵以诈立,以利动"的观点,认为"凡兵上义,不义,虽利勿动"(《心术》)。这种重义轻利的观点,脱胎于传统的"义利之辨",把"上义""趋利"对立起来,在军事实践领域应该说难以成立。

陈规、汤璹《守城录》

靖康末年，金兵南下，杀镇海军节度使刘延庆，汴京失守，北宋沦亡。北宋溃散的军队，群起为盗，攻占城邑，大肆劫掠。德安知府（治今湖北安陆）李公济弃城逃跑，陈规以安陆县令的身份守卫德安府，接连打败这些流寇。公元1127年，陈规被提拔为直图阁，任德安知府，并擢镇抚使。在守卫德安的6年中，群盗多次进攻德安府，陈规随机应变，皆击退来犯之敌。在守城之战中，足智多谋，临危不惧，妙用战法，战胜众敌。对守城作战的战略、战术，颇有贡献。陈规根据自己守卫德安府的心得，写成了《守城机要》。

（一）陈规、汤璹生平及《守城录》及成书过程

《守城录》为南宋陈规、汤璹两人所著。陈规（公元1072—1141年），字元则，密州安丘（今山东安丘）人。陈规重视军事，早年攻读过兵法，本为文臣，却兼有文韬武略。任安陆县令时，遇德安府被围，毅然担当守御重任，乱兵九犯德安，陈规率军"九攻九拒，应敌无穷，十万百万，靡不退却。"（《德安守御录》下卷）中原州郡全部陷落，只有德安一城独存。因为守卫德安府有功，陈规被正式任命为德安知府及德安府复州汉阳军镇抚史。后改任顺昌知府，与刘锜共同守顺昌，打败数十万金军的围攻，升枢密院直学士。公元1140年，宋金议和后，移任庐州知府兼淮西安抚使，次年病故。

汤璹，字君宝，潭州浏阳（今湖南浏阳）人。公元1187年进士，官德安府教授，后累迁至大理寺少卿。在德安期间，寻访陈规守城遗事，乃作《建炎德安守御录》，详细记载了陈规九次守城作战的经过、策略、战法。于公元1193年，向朝廷上《建炎德安守御录》一书。

「火炮」

《守城录》共分三部分，4卷，写成于三个不同的时期：第一部分，为陈规所著的《靖康朝野签言后序》一卷，写于陈规守顺昌之时。卷末署"绍兴十年五月日陈规序"，说明此文作于绍兴十年（公元1140年）。《靖康朝野签言》本是夏少曾所著，书中详细记载了靖康年间金军进攻汴京（今开封）的经过。陈规在任顺昌知府时，读到了这本书。陈规读后，为京城黎民惨遭屠戮，"痛心疾首，不觉涕零"。他痛惜当时主持汴京防守的大臣、将帅的失策。为总结汴京失陷教训，避免历史重演，他边读边写，阐述了御敌之策。书中分析当时形势，列举了其战术、技术的错误，并指出正确的对策，称为《后序》。他说："窃观金人攻陷京城，朝廷大臣与将吏官帅捍卫之失，虽既往不咎，然前车之覆，后车之鉴，不可不备论也。"可以说，《靖康朝野签言后序》就是陈规从汴京失守所研究和总结出来的一些教训，并提出应采取的正确对策。

第二部分为《守城机要》一卷，也是陈规所著。它详细论述了城郭楼橹的建造，攻守战具的制作，攻、守城，特别是守城的方法。因系陈规记述他守御德安时的战略、战术以及方法、原则，所以《宋史》和《遂初堂书目》又称其《德安守城录》。《宋史·陈规传》说：陈规"有《攻守方略》传世"，可能就指的《守城机要》。

第三部分是汤璹所著的《建炎德安守御录》上下卷。改书是汤璹于公元1187年任德安教授时，寻访搜集陈规守御德安的遗事，追记德安守城事迹写成的。并于公元1193年将此书表奏朝廷。

《靖康朝野金言后序》《守城机要》

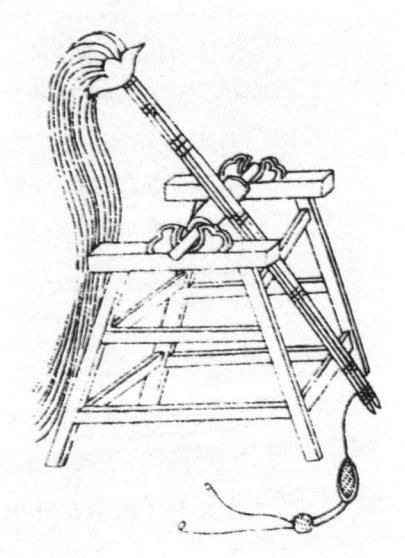

「七梢炮」

两宋时期兵学的繁荣

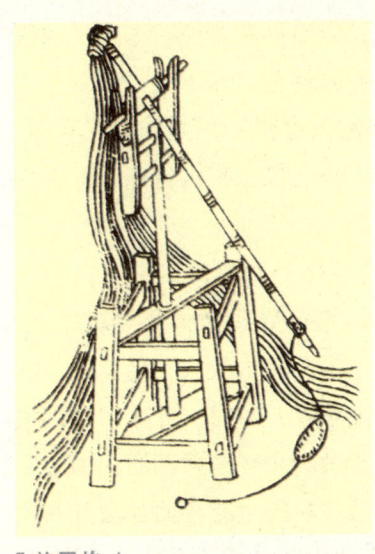

「旋风炮」

和《建炎德安守御录》三书本各自为帙,分别成书,不知何人合为一书。约为宋宁宗(公元1195—1224年)以后之人合编为《守城录》一书。该书在火器已用于作战,攻城手段有新发展的历史条件下,集中阐述了守城作战指导与城防体制改革的思想。《守城录》的三个部分,虽然为不同作者、不同时间著成,但其内容皆为陈规的守城理论和实践,《守城录》主要反映了陈规的军事思想。

(二)《守城录》的主要内容

南宋初期,长江以北的许多州县,先后被金军攻占。江淮一带除抗金义军外,还有许多武装集团。既有与南宋为敌的,也有同金军敌对的,还有数量甚多的散兵游勇,聚散为盗,四处流窜。这时南宋朝廷尚无力控制全国局势。仅靠各地仍效忠于宋朝廷的中、上层将领、官吏各自为战,来维持南宋的统治。而各地处于孤立无援的南宋将领、官吏,为了保存自己,只有把忠心倾注在保守一城一地的作战中。《守城录》之所以问世和强调防守城池的思想,正是这一时期战争客观现实的反映。

《守城录》中反映出的陈规军事思想,主要有以下三点。

1. 在战争观上,强调人在战争中的主导作用

陈规认为"治乱强弱,虽曰在天有数,未有不因人事得失之所致也",并以靖康之祸说明了这个道理。他明确指出,靖康之难主因在人为的过失。如果没有人事之失,上天是不可能降下灾难的。金人之所以攻陷汴京,就在于朝廷大臣和将帅官吏在抗敌守城上失策。他强烈反对"朝廷欲再援太原"时,有些

「双梢炮」

大臣却以为中国势弱,敌人势强,用兵无益,应当割让太原、中山、河间三个重镇以贿赂敌人而求得议和的做法,认为这就更增加了敌人的嚣张气势。说"若不用兵,何术以壮中国之势,遏敌人之强?用之则有强有弱,不用则终止弱而已,强者复弱,弱者复强,强弱之势,自古无定,惟在用兵之人何如耳"(《守城录·靖康朝野佥言后序》)。

2. 在守城作战中,主张攻守并用、守中有攻的积极防御

陈规认为守城不能坐以待敌或单纯守城,应当熟悉敌情,寻求战机,

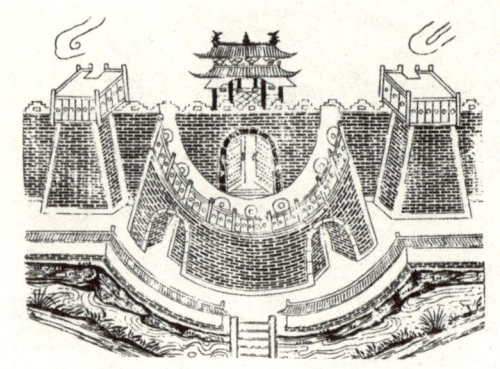

「城制(宋代)」

昼夜不断地出击,打击敌人,使其疲于奔命。他批评金军攻开封时,守军"诸门多闭,有以土实者,止开三两门通人出入",认为"如此乃是自闭生路,而为敌开其生路也"。主张"为守之计,不独大启诸门,仍于两门之间,更开三两门","使战兵出入,无至自碍。城上觇望敌人空隙,稍得便处,即遣兵击杀。或夜出兵,使敌在外所备处多,昼夜备战,无有休息,彼自

不能久攻"。说"此乃守中有攻"。陈规与刘锜守顺昌时就是运用这一战法,通过夜袭敌营,诱敌入城半路邀击,昼夜疲敌。

3. 在城防工事构筑中,反对墨守成规,力主改革创新

陈规认为"自古圣人之法,未尝有一定之制,可则因,否则革也"。在这种思想指导下,他对城防的工事构筑,如射击设施,指挥观察设施、障碍设施,出入口防护等,都做了改进,使之更适合当时的实际。特别值得提出的是,他还创造了炮兵间接瞄法,建立炮兵观察员,在城上观察敌情,以口令、旗语、灯火等信号,按事先预定的计划,给设于城内的炮兵下达指示目标,使其能迅速、准确地打击进攻的敌方炮兵和士兵。还创造了世界上最早的管形火器——长竹竿火枪。

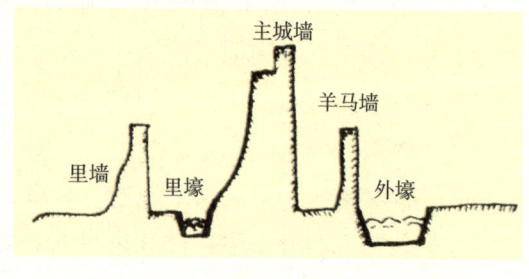

「宋代城制二壕三墙剖面图」

(三)《守城录》的影响

《守城录》作为一部关于防御的兵书,所述城邑防守之法,对后世影响较大。陈规于公元1141年去世,过了31年后,也就是在公元1172年,宋孝宗下诏刊刻《规德安守城录》,并颁行天下,作为南宋各守城将领的指导性法则。

《守城录》的内容被明清许多兵书所引用。清朝乾隆皇帝曾为其题诗一首:"摄篆德安固守城,因而失事论东京。陈规屡御应之暇,汤璹深知纪以精。小县旁州或可赖,通都大邑转难行。四夷守在垂明训,逮迫临冲祸早成。"(《守城录》卷首)

《守城录》现有《四库全书》本、乾隆四十年(公元1775年)抄本和嘉庆、道光年间刻本。为我们今天研究宋代防守城邑的技术与战术,留下了可靠的历史资料。

辛弃疾《美芹十论》

郭沫若先生曾为辛弃疾墓写过一副挽联:"铁板铜琶,继东坡高唱大江东去;美芹悲黍,冀南宋莫随鸿雁南飞。"上联写出了辛弃疾的文学成就和风格特点,下联道出了他一生的追求和政治理想。其中的"美芹"就是指辛弃疾公元1165年所写的上书南宋第二位皇帝宋孝宗的《美芹十论》。

(一)辛弃疾的生平

辛弃疾(公元1140—1207年),字幼庵,号稼轩居士,历城(今山东济南市)人。辛弃疾一生坚决主张抗金,恢复失地,统一中国,成就他建功立业大将军的梦想,但终因投降派的打击和阻挠,未能如愿,然而却在词坛上获得了"飞将军"的称号,成为与苏轼齐名的一代豪放词派大家。

公元1140年,辛弃疾出生时,金军已占领了山东。公元1161年,他21岁时,参加了耿京所领导的一支抗金义勇民兵,担任书记职务。当他们遭受到金军强大压力的威胁时,他劝耿京归宋,并亲赴南方与宋廷接洽。在他离开部队期间,叛徒张国安杀了耿京,投降金人。辛弃疾得知这一消息后,只身北返,潜往金营,劝说被张国安裹胁投金的官兵,弃金投宋,又把这支部队带回南宋,并擒获了张国安,献俘于宋廷。宋孝宗任命他为承务郎。以后,他历任湖北、江西、湖南、福建、浙东等地的安抚使。任职期间,他采取积极措施,招抚流亡,编练军队,鼓励耕战,注意安定民生,打击贪污豪强。

(二)《美芹十论》主要内容

> 《美芹十论》是辛弃疾力主抗金的奏疏之一,包括《序》和10篇论文。其中前三篇《审势》《查情》《观衅》,具体分析了当时的政治军事形势,指出"敌之可胜"。对当时夸大金人力量,鼓吹妥协投降的谬论,作了有力的驳斥。后七篇《自治》《守淮》《屯田》《致勇》《防微》《久任》《详战》,主要论述如何加强战备,激励士气,准备反攻以收复失地,重振河山。也就是"求己之能胜"。

1. 在战争问题上,强调民心向背决定胜败

辛弃疾认为"自古天下离合之势,常系乎民心",民心的向背主要取决于统治者对民众的态度。他以汉灭秦的历史事实加以说明:"秦人之法惨刻凝密,而汉则破觚为圜(去严从简),与民休息";"秦人则役繁赋重不恤,而汉则宽仁大度,务从简约",所以"天下不得不喜汉而怒秦"。

根据这个道理,辛弃疾分析了南宋时期的中原民众,认为他们二百多年来为宋朝赤子臣民,他们"耕而食,蚕而衣,富者安,贫者济,赋轻役寡,求得而欲遂"。金人入侵之后,如同后母虐待前妻之子,毫不顾惜。在金人残酷欺压掠夺下,中原汉民,怨已深,痛已巨,怒已盈,"矫首南望,思恋旧主",发动起义,以求南归。而朝廷却考虑不周,没有及时出兵痛击金虏,援助中原义兵,致使"中原义兵寻亦溃散"(《观衅》),这实在是太可惜了。

2. 在作战指导思想上,认为用兵之道在于"审势"

辛弃疾认为,用兵之道,取胜之要,在于分清"形"和"势",不可将

两宋时期兵学的繁荣

「辛弃疾」

二者混淆,为"形"所惑,而不明"势",故不能乘势取胜。据此,他在《审势》中分析说:"用兵之道,形与势二。不知而一之,则沮于形,眩于势,而胜不可图,且坐受其毙矣。"是说用兵之道,是形与势的二事。不明白这个道理而将二者混为一谈,则会被"形"所败坏,被"势"所迷惑,而不能取得胜利,甚至会坐以待毙。

那么,"何谓形?小大是也。何谓势?虚实是也。土地之广,财赋之多,士马之众,此形也,非势也。""形"是指小大而言,"势"是指虚实而言。土地广阔,财富丰厚,兵马众多,这是形,不是势。并指出"形可举以示威,不可用以必胜。譬如转嵌岩于众仞之山,轰然其声,嵬然其形,非不大可畏也,然而堑留木柜,未容于直,遂有能迂回而避御之,至力杀形禁,则人得跨而逾之矣"。形可以举之示威,不可以用之取胜。如同在众仞高的山岩上向下滚动石块,其声轰隆作响,其形巍峨高大,真是大而可怕,然而山上的沟堑、树木阻挡,会使石块不直线而下,只能迂回躲避而下,最终使石块受阻无冲击力而停止,人们可以从上面跨越过去。"若夫势则不然,有器必可用,有用必可济。譬夫注矢石于高埔之上,操纵自我,不系于人,有轶而过者,抨击中射,惟意所向,此实之可虑也。"而势却不是这样,有其物就必然有其用,有其用就能达到目的。如在高墙上向下发射弓箭石矢,我可以自由操纵发射,不受别人牵制,发现有人突击,我可以立即抨击投射,由我意支配,这就是势的可怕之处。

辛弃疾在具体分析了金人之"形",以及南宋可以利用之"势"后,得出结论:只要南宋发奋图强,自强有为,就可以打败金兵,收复中原。

3. 在兵力使用上,主张集中兵力防守要地

面对金军的大举南侵,南宋要想守得住、守得固,就必须讲究防御之术。辛弃疾在《守淮》篇中,着重阐发了"守淮御敌"之术。"臣闻用兵之道,无所不备则有所必分,知所必守则不必皆备。何则?精兵骁骑,十万之屯,山峙雷动,其势自雄,以此为备则其谁敢乘?离屯为十,屯不过

万,力寡气沮,以此为备则备不足恃。此聚屯分屯之利害也。"是说用兵之道,如果处处设防,则必然分散兵力。如果知道要害之地必守,则不必处处设防。十万精兵,屯集一处,其势如高山耸峙,疾雷击动,气势雄伟,以此防守,谁敢来犯?如果把十万兵力,分屯十处,每处万人,分散兵力,兵单力寡,气势衰微,如此防守,必不可保。这就是集中兵力与分散兵力的利害关系、不同结果。因此,辛弃疾强调集中兵力防守。

辛弃疾对两淮之战作了分析,认为"臣尝观两淮之战,皆以备多而力寡,兵慑而气沮,奔走于不必守之地,而撄虏人远斗之锋,故十战而九败"。其所以屡次失败,都是因为分兵防守而造成兵力分散,势单力薄,士卒气衰,疲于奔命,金虏虽远道而来,却锐气十足,结果是我十战而九败。同时,对历史上,放弃两淮战场而退守长江一线而造成的严重后果作了分析,"夫守江而丧淮,吴、陈、南唐之事可见也。"辛弃疾以历史上的战争教训,说明只有集中兵力守卫淮河一线,防守要地,方可与金虏周旋。

辛弃疾指出,沿淮郡治很多,郡下之屯更多,"退淮而江为重镇,曰鄂渚、曰金陵、曰京口,以至于行都扈跸之兵,其将皆有定营,其营皆有定数,此不可省也。"退过两淮,长江沿岸的重镇有鄂渚、金陵、京口等,以及行都驻守军队,这些营寨的兵力都固定,不能减少。如果沿淮各郡、屯都驻兵防守,这便是以有限的兵力而实行无所不备的策略,这样分散兵力,削弱力量,则不能打败敌人的进攻。所以应当集中兵力,以防守为战。如此便可以做到敌人来犯,我不足以为忧;我进攻敌人,可致患于敌。

关于如何集中兵力进行防守,辛弃疾在分析金兵的入侵路线之后,认为应当选择精锐骑兵10万人,分别驻扎在山阳、濠梁、襄阳三地。在扬州或和州,设置一个督府统一指挥三处兵马,三地并力对付金兵,敌人进攻我一地,则用此一地坚守,另二地突击或引诱,使敌无所适从,不知我的作战意图,我则掌握战争的主动权,这就是"不恃敌之不敢攻,而恃吾能攻彼之所必救也"(《守淮》),如此攻守在我,焉能不胜。

(三)《美芹十论》影响

《美芹十论》是辛弃疾在建康通判任上(公元1168—1169年)给宋孝

宗的一篇奏疏，全面总结了宋、金斗争的历史经验和惨痛教训，具体分析了宋、金双方的利弊得失，明确阐述了抗金复国的战略战术，充分展现了政治家的才能和军事家的智略。可惜他这些建议都未能得到南宋朝廷的采纳，遭到了主和派的排斥与打击，长期闲居于江西上饶一带，但他始终视国家利益民族利益高于一切。朱熹门生黄榦在写给辛弃疾的一封信中曾评价说："明公以果毅之资，刚大之气，真一世之雄也，而抑遏伏，不使得以尽其才。一旦有警，拔起于山谷之间，而委之以方面之寄，明公不以久闲为念，不以家事为怀，单车就道，风采凛然，已足以折冲于千里之外。"（《勉斋集》卷十《与辛稼轩侍郎书》）现代的学者也给予很高评价，庆振轩、张馨心认为"稼轩最后尽管也是壮志未酬，但其雄杰之气，将帅之才世所公认，其全面系统的军事思想由于有了《十论》（《美芹十论》)、《九议》这些宏文巨制，享誉古今。即使在当代，当我们阅看毛泽东抗日战争时期一系列军事战略思想时，仍然惊奇于从其《论持久战》《抗日游击战争中的战略问题》《战争和战略问题》中可以看到稼轩军事思想的影响。诸如坚持持久战，反对速胜论，争取战争主动权，在敌后开辟战场，重视谍报工作等等。"

华岳《翠微先生北征录》

庙社如今，谁复问、夏松殷柏？最苦是，二江涂脑，两淮流血。壮士气虹箕斗贯，征夫汗马兜鍪湿。问孙吴、黄石几编书，何曾识！青玉锁，黄金阙。车万乘，骓□匹。看长驱万里，直冲燕北。禹地悉归龙虎掌，尧夫更展鹍鹏翼。指凌烟、去路复何忧，关山隔。

这是安徽贵池人华岳所填写的一首《满江红》。华岳虽然是武举魁首，其文采亦颇受时誉。南宋时代，词家辈出，华岳以武人忠君爱国之志，所填词作可以说也别具一格。词中所反映的大江两岸，淮河南北，人民历遭金人的涂炭，谁人复问"夏松殷柏"？让人想岳飞那首气贯长虹的《满江红》。华岳此作，情景颇同，若视之为并蒂二枝，恐不为过誉。

(一)华岳的生平

华岳,字子西,号翠微,贵池(今安徽省贵池县)人。为武学生,轻财好侠。公元1205年,因上书谏止韩侂胄的北伐政策,触怒韩侂胄,被贬官下狱,放逐到建安(今福建建瓯)。韩侂胄攻金兵败求和,被宋朝廷诛杀。华岳得以被释放,登嘉定武科第一名,为殿前司官,仍郁郁不得志,后"谋去丞相史弥远,事觉,下临安(今杭州)狱",被史弥远"杖死东市"。

华岳所撰《上诛韩侂胄书》及诗十卷,合为《翠微南征录》,其《平戎十策》《治安药石》合为《翠微北征录》。

(二)《翠微先生北征录》主要内容

《翠微先生北征录》为华岳被放逐期间写的富国强兵和御敌之策。由两部分组成:一为公元1207年,华岳为布衣时,上奏皇帝的《平戎十策》,前有一篇"再上皇帝书";二为公元1208年,华岳中进士后,上奏皇帝的《治安药石》,前有一篇奏章。所论均针对当时宋金战争与对峙的具体形势而发,巨细备载,颇切时要。

《平戎十策》的"十策"为:《取士》《招军》《御骑》《陷骑》《得地》《守地》《恩威》《利害》《财计》《马政》。"十策"是华岳针对南宋存在的"十弊"而提出的十条去弊兴利、富国强兵的计策。"十弊"是:一则取士而不得其实,二则招军而不尽其材,三则御骑者未得其具,四则陷骑者未有其策,五则得其地而反失其心,六则守其地而复无其备,七则恩威之不明,八则利害之不密,九则急务在财计而财计未丰,十则边计在马政而马政未备。"十策"针对这"十弊"和敌国的短长,详细论述了用人选将、人心士气、物资储备、作战方法、军马征调等军事上的重大问题。

《治安药石》,是取治安不可无兵,犹膏粱不可无药石之意。作者紧密结合当世利害,对和议政策、边防要务、破敌之方、将帅修养和谋略、武器装备、敌情侦察、兵员招募、粮饷运输等进行了较详细的阐述。

《翠微先生北征录》为抵御外侮而作,所言皆当时军事上的实际问题,比较充分地反映了作者的军事思想。

1. 在战争观上,反对轻意兴兵;在作战指导上,重视敌情侦察

他崇尚黄老道家好生恶杀之说,认为"兵本于不杀,武在于止戈。"(卷二《治安药石序》)规劝皇帝不要轻意兴兵,"臣愚欲望陛下详黄老氏好生严杀之意,明《司马法》安人止战之方,兵不得轻举,谋不得妄发。"(卷二《治安药石序》)

同时,在作战指导方面,高度重视侦察敌情。他认为,"庙堂恶闻边备,将帅不买间谍","贼将之姓名,贼技之能否,贼势之进退,贼情之

「金南宋西夏时期全图」

勇怯,盖殆若异世之事耳。"(卷九《采探》)这是用兵失败的重要原因,因此,只有招募间谍,设置烽堠、递铺等侦察通信设施,及时获取情报,才能使"屯边之兵无事得以休息,有事不至窘束"(卷九《采探》)。他针对金朝善用骑兵的特点,提出了以车御骑,以弩陷骑的作战方法,具体论述了各种地形条件下的制骑战术。

2. 对金议和上,强调以武力作后盾,重视民意

对于金朝是用兵还是和议,是摆在南宋君臣面前一个争论最为激烈的一个问题。华岳主张既不同于逞忿恃兵的主战派,也不同于放弃武力的乞和派。他认为用武力征伐不能放弃用和议这一斗争手段;而和议又要靠强大的武力作后盾,"兵争之失在于士大夫逞忿恃兵而讳言和议;和议之失在于士大夫惩已往之咎,而耻言用兵。"(卷一《平戎十策》)他不反对用兵,"四夷不庭,征之可也。"(卷一《平戎十策》)但是反对内政不修,国力不足时,去与强大的敌国硬拼。所以,他认为当时南宋王朝没有金朝强大,提出以"和议"为缓兵之计,积蓄实力,等待时机,恢复中原。他特别指出:"今日之和非真怯也,今吾仁以待他日可乘之机耳;非真畏也,养吾智以俟异时可投之隙耳。"(卷一《平戎十策》)

同时,强调重视民心民意。指出:"故善用兵者,必先守其心,而不

失其所恃焉，斯为善守之策矣。"（卷一《平戎十策》）他认为，失掉民心，违背民意，就会激起怨恨，四面树敌。因此，他反对扰民，"夫用兵之策莫大于足兵，足兵之策莫患于扰民，扰民则心失，心失则怨起，怨起则衅生，衅生则吾舟中之人皆敌国矣。"（卷十二《省运》）为既省民力，又保证军饷，提出"兴屯田以省支费，浚水道以便转输。"（卷十二《省运》）

3. 重视贤才，反对将帅贱生恃勇

华岳重视贤才在治国御军中的作用，认为"英雄豪杰之去留，为社稷帮家之休戚"（卷一《平戎十策》），他还公开指出，南宋兵败国弱的原因就是皇帝未得到真正的贤才，并对皇帝说："十者之弊非有英雄豪杰之士为陛下洗而新之，则他日败亡之患盖有不可胜言矣。"（卷一《平戎十策》）针对南宋朝廷不能用贤的实际情况，提出广开贤路，提倡贤才自荐；重赏有功之人，"聚天下之材者在乎财；散天下之材者在乎财。"（卷十《将财相用》）做到因材制用，"夫有技则生一材，有一材则济一用，因技以求材，因材以制用。"（卷一《平戎十策》）

同时，对将帅提出要求，既反对轻死贱生，又反对恃勇好战。认为古有"贵死贱生"、"好死恶生"、"奋死则生，幸生则死"之说，但都是对士卒讲的。所以他提出将帅也要与士卒一样，具有视死如归的精神。同时，他又要求将帅不可一味斗勇角力，还要会斗智赛谋，懂得"不战之妙"。所以他认为"学战易，学不战难"（卷十《将帅好战》）。

（三）《翠微先生北征录》的价值

《翠微先生北征录》虽然是宋代兵书。但是《宋史·艺文志》、省府县志和《四库全书总目提要》都未著录，直到清代黄虞稷等编《宋史·艺文志补》《瞿氏铁琴铜剑楼藏书目录》始见著录。清嘉庆五年（公元1800年）校勘学家顾广圻在为本书写的跋文中说：此书"世鲜传者，得观于读未见书斋楮墨间，古香喷溢，三数百年物也。令人于肃然起敬中仍爱玩不忍释手。"说明本书被淹没三四百年。此书遭此厄运大概与作者的身世有关。

《翠微先生北征录》真实地反映了南宋军事斗争的实际和军事思想的特点，弥补了《宋史·艺文志》及省府县志缺憾，具有重要的史料价值和军事学术价值。

明清时期兵学的转型

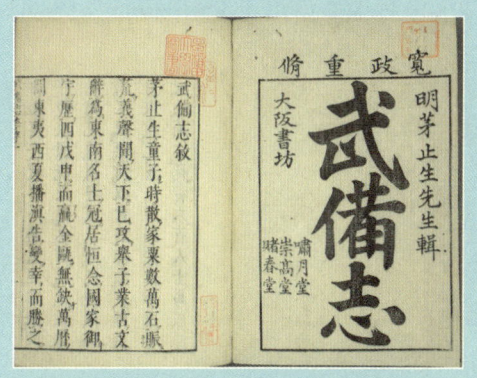

明清时期,中华民族不仅有内部的战争,东南沿海和西北边陲又受到日本和西方国家的侵略,长江流域兵法适应时代需要出现了转型。这一时期的兵学家不仅关注中华大地,研究兵法之于现实的指导意义,而且把目光聚焦于东南沿海、聚焦于西方列强,撰写了一系列兵法著作。

茅元仪《武备志》

公元1619—1621年，茅元仪寓居南京，用了3年时间编纂成了《武备志》。对于茅元仪编纂《武备志》，如果从他潜心研究历代兵法韬略和明末的国防形势，着手编纂《武备志》开始算起，则倾注了15年的心血。天启元年，《武备志》刻印成书后，茅元仪的声名鹊起，以"知兵"之名被任为赞画，随大学士孙承宗督师辽东，与同僚鹿善继、袁崇焕、孙元化等人一起，在山海关内外考察地形，研究敌情，协助孙承宗作战，抵御后金的进攻，并到江南筹集战舰，加强辽东水师，提高明军的战斗力。茅元仪文武双全，明清之际学者方以智称赞他"年少西吴出，名成北阙闻，下帷称学者，上马即将军"（《流寓草》卷七《酬茅将军》）。

（一）茅元仪生平

> 茅元仪（公元1594—约1644年），字止生，号石民，归安（今浙江吴兴）人，明末杰出的军事家和文学家。出身世代书香门第，自幼博览群书，尤喜读兵农之作。成年后又通晓用兵方略，熟悉九边阨塞。

茅元仪曾任经略辽东的兵部右侍郎杨镐幕僚，后两次随兵部尚书孙承宗抵御后金。公元1629年，因战功升任副总兵，治舟师戍守觉华岛（即菊花岛，今辽宁兴城南），后获罪遣戍漳浦（今属福建），忧愤国事，郁郁而终。他关心国事，曾多次上书朝廷言富强大计，然均不为用。为改变当时武备废弛的状况，历时15年，汇集兵家、术数之书两千余种，于天启元年辑成《武备志》。

茅元仪一生著述宏富，约有六十余种，数百万言，但由于大部分著作后来屡遭禁

「茅元仪」

明清时期兵学的转型

毁,多散失不存,仅有《武备志》《督师纪略》等得以流传。

(二)《武备志》的编纂体例

《武备志》是一部大型综合性辑评体兵书。共240卷,约200万字,配有图片738幅。全书由兵诀评、战略考、阵练制、军资乘、占度载五个部分组成。其下分类编排资料,每类前有序言,中有眉批、旁批、夹注等。每部分若干篇,全书共有184篇,所讨论的问题,涉及兵学的各个领域,内容翔实,体例完备。

1. 兵诀评

《兵诀评》18卷,选录《孙子》《吴子》《司马法》《三略》《六韬》《尉缭子》《李卫公问对》全文和《太白阴经》《虎钤经》的部分内容,进行评点。他非常推崇《孙子》,认为"自古谈兵者,必首推孙武子"。他还有一段名言:"先秦之言兵者六家,前孙子者,孙子不遗,后孙子者,不能遗孙子,谓五家为孙子注疏可也。"(《兵诀评》)后人在引用这段话时往往掐头去尾,只取中间一句,来证明《孙子》是古代"空前绝后"之作,实际上是不符合茅元仪本意的。茅氏是将《孙子》与先秦其他五家兵书相对比得出的结论。尽管如此,茅氏评说仍有偏颇之处。不可否认,《孙子》的成就最高,但《吴子》《司马法》等五部著作,并非《孙子》的注疏,而各有其理论贡献,在很大的程度上,是对《孙子》的发展。

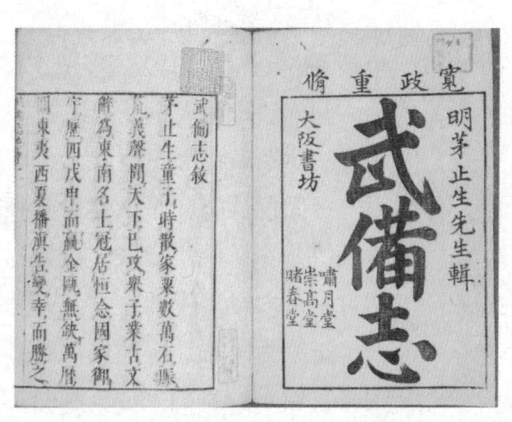

「《武备志》书影」

2. 战略考

战略考,33卷,按照时间顺序,从战略的高度选录了春秋、战国、西汉、东汉、三国、晋、宋、齐、梁、陈、隋、唐、五代、北宋、南宋、元等16个朝代有参考价值的战争战例。茅元仪认为,"良工不能离规矩,哲士不能离往法。古今之事,异形而同情,情同则法可通;古今之人,异情而同事,事同则意可祖。故我列著之,以为今之资。"(《战略考·序》)是为《战略考》的旨趣。

古代战争战例资料非常浩瀚,他并非有记必录,而是有严格的标准:①不是讲战略的不录,"非略弗录";②不是奇略不录,"略非奇不录";③要能启人心智,"每举一事而足益人意志";④要能"言之竟日而弗倦,试之万遍而不穷"。《战略考》共选录六百余个战争战例,大多在历史上以奇谋伟略取胜著称,如马陵之战、赤壁之战、淝水之战、虎牢之战等。

3. 阵练制

《阵练制》41卷,由"阵"和"练"两大部分组成,"阵"有16卷,包括94个子目,319幅阵图,详细记载了从先秦至明代各种阵法阵图,堪称古代阵法阵图大全。"练"有25卷,分为选士、编伍、悬令、教旗、教艺,叙述军事训练问题。

茅元仪认为,军队建设必须讲究阵法,必须注重军事训练。阵法、军事训练是军队的生命线。他把这两项日常活动,说成是天经地义,与天体运行、《六经》传世,可以相提并论。

正因为阵法、军事训练是军队建设的重要环节,茅元仪对这两方面的内容,给予特别的关注,在具体编撰过程中,还定下一个原则:"阵取其制,制则宁详;练取其实,实则宁俚。"(《阵练制·序》)即对于阵法的解说,要力求详细完备;对于军事训练的论述,要强调通俗易懂,尽可能具有实用性。

4. 军资乘

《军资乘》,55卷,包括营、战、攻、守、水、火、饷、马等8类,下设65目,内容广泛,涉及行军设营、作战布阵、旌旗号令、审时料敌、攻守城池、配制火药、造用火器、河海运输、屯田开矿、粮饷供应、人马医护等事项。收录详备,如攻守器具、战车舰船、各种兵器等达六百

「狼牙拍」

［冬船与哨船］

余种。其中火器一百八十多种，有陆战用的，有水战用的，有飞行器式，也有地雷式，品种之多，应用之广，前所未有。是收录军事技术成果最多的一部兵书。

5. 占度载

《占度载》93卷，分"占"和"度"两部分，记述历代的军事占候、明代的军事地理，以及周边少数民族状况。在茅元仪看来，作为一名将帅，必须上知天文，下知地理，中知人事，兵诀评、战略考、阵练制、军资乘诸部分，都是叙述人事。所以，"作占度载，以尽天地之事"（《占度载·序》）。可见这部分的编纂，是对前四部分的补充。

具体说，"占"指占验，指视征兆以知吉凶，包括占天、日、月、星、云、风、雨、雷、电、五行及太乙、奇门、六壬等内容，其中也包含古人对天文气象的某些粗浅认识。"度"指度地，包括方舆、镇戍、海防、江防、四夷、航海等内容。图文并茂，详细记载了明代地理形势、关塞险要、海陆敌情、卫所部署、督抚监司、将领兵额、兵源财富等内容。茅元仪认为，在战争指导方面，能否识别天候特点，熟悉天下大势，了解天下户口、兵马的状况，影响到战争的胜败。

（三）《武备志》的主要内容

1. 在军队建设方面，重视军事训练，讲究阵法

军事训练包括选士、编伍、悬令、教旗、教艺等五项内容，分别记述选拔士卒的标准，车、步、骑、水诸兵种的编制，奖赏、惩罚的制度和条例，通讯指挥的要领，以及有关武器装备的使用方法。认为"言武备者，练为最要"，"士不练，则不可以阵，不可以攻，不可以守，不可营，不可战，不可以专水火之利；有马而不可驰，有饷而徒以饱；天时地利，不能以先人；为略为法，不可以强施。然则言武备者，练为最要矣"（《阵练制·练序》）。这说明开展军事训练，是军队建设的重要环节。

怎样开展军事训练？首先是"选士"，即根据士卒自身的条件，挑选

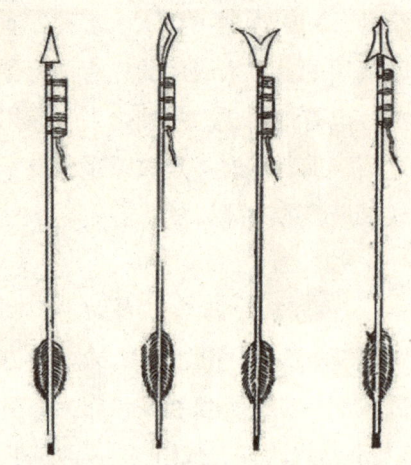

「铁镞」

出步、骑、车、水诸兵种的适用者，分别授予相应的武器装备。然后"行束伍之法，颁禁令之条，使其心与胆，日就我之练而不觉。然后教以进退之节，使目练于旌旗，耳练于金鼓，我临敌制奇，百变百出，二其耳目之所习者如一"（《阵练制·练序》）。最后是"练艺"，即演练各种武器的使用技巧。总之，军事训练要通过"选士"、"编伍"、"悬令"、"教旗"、"教艺"五个环节，才能真正落到实处。

关于阵法，茅元仪认为阵法是兵民合一的产物，发端于井田制度，与农业生产密切相关，因为土地有不同的形状，军队的组编和训练，就有方、圆、曲、直、锐诸种阵法。也就是"量地制阵，而方、圆、曲、直、锐之形别焉"（《阵练制·阵序》）。同时，把唐宋以来的阵法，逐一加以编辑，说明各种阵法要领，以增长学习者的见识。

2. 在军事战略方面，强调边防、海防、江防并重

茅元仪认为"疆场之大有三：曰边、曰海、曰江"（《占度载·江防序》）。关于边防，强调指出："天下大患，在于西北"，故边防应以西北为重点，"选将练兵，时谨备之"（《占度载·镇戍序》），随地为堡，坚壁清野，人自为守。关于海防，"其要在拒之于海"（《占度载·海防序》），主要敌人是倭寇。针对忽视江防，认为江防可以稍缓

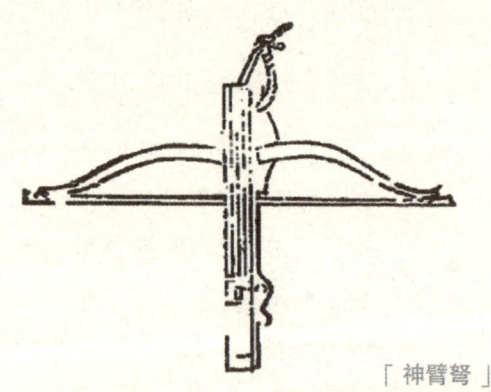

「神臂弩」

的思想倾向，强调江防的重要性，"迫海而亘中区，外溃则为门户，内讧则为腹心，故江之要与边、海均"。（《占度载·江防序》）这一套战略框架，是针对晚明边疆危机而提出的基本思想。

3. 在作战指挥方面，注重实战，强调攻守方法

在《军资乘》部分，列有"战"、"攻"、"守"三篇，主要讨论实战的要领，叙述攻城、守城作战应采取的措施，以及所使用的武器装备。依茅元仪之见，攻城困难，守城也不容易。"攻者绰然于进退，守者尺寸之难施"（《军资乘·守序》），非天下"至精"、"至变"、"至神"者，则难以取得成功。所以，城邑的建筑，作为守城的根本，应该合乎防御的要求。战前要用法令约束部队，使所有士卒同心协力；要准备好各种武器装备、军用物资，使自己立于不匮之地。战时要根据不同情况，采取必要的应对措施，如严密警报、慎用箭铳、招募勇敢、清除内奸等，以保证作战胜利。

（四）《武备志》的价值

《武备志》内容丰富，设类详备，编纂方法科学，被誉为古代军事百科全书。它的编纂、刊行，对改变明朝末年重文轻武、武备废弛的状况具有一定的现实意义。尽管在清代屡遭禁毁，仍流传甚广。该书存录很多十分珍贵的资料，如郑和航海图（《自宝船厂开船，从龙江关出水直抵外国诸蕃图》），以及航海用的《过洋牵星图》，杂家阵图和某些兵器图谱，为它书所罕载，对中国古代军事思想史以及科技史、交通史等的研究具有较高的参考价值，被后世所推崇。

魏禧《兵迹》《兵谋》《兵法》

生平四十老柴荆，此日麻鞋拜故京。
谁使山河全破碎，可堪翦伐到园陵。
牛羊践履多新草，冠盖雍容半旧卿。
歌泣不成天已暮，悲风日夜起江声。

这是魏禧的《登雨花台》诗，作于康熙二年（公元1663年），距明朝灭亡已经二十年。作者长期隐居故乡江西宁都翠微峰，四十岁时来到明朝的旧都南京，登上今中华门外的雨花台，登高远眺，诸景诸色，尽收眼

底。想到自己多年所致力的反清复明大业已经无望，感慨万千，写下这首七律，表现了作者对故国明朝的思念和明清易代的伤感哀痛。

（一）魏禧生平

> 魏禧(公元1624—1681年)，字叔子，一字冰叔，号裕斋，又号勺庭，人称勺庭先生，江西宁都人。早年逢明亡之际，明亡后绝意仕进，与其兄际瑞、弟礼隐居翠微山，筑室号"易堂"，授徒著述，有"宁都三魏"之称。魏禧平生喜读史书，特别爱好《左传》，为文凌厉雄杰，与侯朝宗、汪琬两人齐名，合称"清初散文三大家"。康熙十八年(公元1679年)，诏举博学鸿儒，称病以推辞，两年后，病故于家中。

「魏禧」

魏禧一生致力于反清复明，将兵学作为其一生治学中的重要内容，喜读史籍，精研《左传》，善谈兵学。所著兵书三种：《兵迹》12卷、《兵谋》1卷、《兵法》1卷等。《兵谋》《兵法》两书编成于康熙六年（公元1667年）。魏禧在《兵谋》中将《左传》用兵谋略概括为32种，各用一个字命名；在《兵法》中将《左传》用兵之法归纳为22个字。他在对每一种兵谋、兵法作简短的解释之后，列举《左传》中若干战例逐字加以说明，由于篇幅较短，没有分篇章详细论述。《兵迹》一书，初未刊行，以宁都何以仁旧抄本传世，1915年据此本校勘刊行，并附有刘家立《校勘记》一卷，被收入《豫章丛书》。

（二）《兵迹》的主要内容

《兵迹》以辑录历代用兵史迹为主，但也间有作者的阐述和评论，从中可窥见其军事思想。

> 《兵迹》，故名思意就是历代用兵的史迹，是一部旨在总结历代用兵得失、统军作战经验的兵书，亦有边疆和外国地理资料。全书分14编：历代、列国、将体、将物、将兽、将能、将效、华境、华人、土夷、岛夷、近国、远邦、边塞。编下设目，广集自远古以至明代中国境内和世界各地风土人情、军事地理、军事制度、战争、军队、兵器以及用兵作战的史料故事。

首先，在政治上，重视民众和士兵在战争中的作用。如认为元朝论强可以和秦相提并论，论大可以和汉媲美，然而不到百年就灭亡了，其原因就是"不顾民怨，不顾民变，不顾民死尽"（《历代编》）。在《将兽编》中指出："能得士者强，能用士者胜。而得士则一在于善求。"在《华人编》论商贾的作用，认为"巨商大贾，梯山航海，不论外国异地，凡系贸易之所，处处有之。贾于其所，则熟其面貌，通其语言，知其性情，习其嗜好，稔其战法战具，谙其山川路径，可备咨访，可为向导，可为内应，可作间谍"。这样的军事见解，在《兵迹》比比皆是，都值得仔细品味。

其次，在军事上，提出一系列主张。如在对待战争态度方面，主张慎战，认为"兵凶战危，不可不慎"（《将能编》）。在作战指导方面，主张根据敌情我情灵活用兵，"有用多，有用少，全在因机制胜"（《将兽编》）。重视计谋权变，认为"兵以诈胜，无谋非用兵也"（《将能编》）。主张攻虚击弱，指出"善战者，莫不贵冲虚击弱"（《将效编》）。强调"觇"和"藏"在作战中的作用，指出"善胜敌者，在于能觇"，"战之奇者无如藏"（《将能编》）。他还主张要善于根据战场情况改变双方形势，或反攻为守，或反守为攻，或反客为主，或反主为客，"善战者，能反势则事易，而功倍"（《将能编》）。

再次，评价历代军事颇具史家眼光。《兵迹》上起远古，下迄明代，跨越数千年历史，固然以史料见长，但在评价历代军事方面，也有独特见解。如在《历代编》中论唐代府兵制，认为"国无养兵之费，将无专兵之患，其地有警，即发其四邻之兵，神速便捷，而寡远苦。三代而下，称兵法之善者，以唐府兵为最也"。论宋代军事的弊病，认为"北宋有相无将"，"南宋有将无相"，因为将相不完备，用兵不及前代。这一系列历史认识，都颇具史家的眼光。

《兵迹》资料繁富，评论不乏精语，有一定的参考价值。

(三)《兵谋》主要内容

《兵谋》是魏禧对《左传》的军事谋略思想进行全面系统研究后，总结概括出来的一部兵书；同时，他对《左传》的用兵作战方法亦做了同样的研究，撰写了《兵法》一书。关于"谋"与"法"的区别与联系，魏禧在《兵谋》作了明确的论述："凡兵，有可见，有不可见。可见曰法，不可见曰谋。法而弗谋，犹搏虎以挺刃而不设阱也；谋而弗法，犹察观色而亡方剂也。"所以，他很重视用兵之谋和用兵之法，便把《左传》中的有关"谋"和"法"的史实进行剖析梳理，综合归纳，编成《兵谋》和《兵法》二书。

《兵谋》以《左传》为底本，来探讨军事谋略，共概括出32条，并依次加以解释："和"指上下礼让，同心协力；"息"指与民休息，积蓄实力；"量"指衡量，知彼知己，审时度势；"忍"指国君忍辱含垢，以图谋大业；"弱"指力量强大，而故意示弱，以骄纵敌人；"强"指力量弱小，而故意示强，以震慑敌人；"致"指调动敌人，使其就范；"畏"指敬畏，强而不恃，胜而不骄；"防"指防敌谋我；"需"指故意缓行，以挫伤敌人；"疾"指行动迅速，以利用时机；"久"指长困久围，使敌人屈服；"激"指自我克制，以激怒敌人；"断"指果断不疑；"听"指倾听部众贤能的意见，合理决策；"诡"指识破敌人诡诈骗术，我以诡诈骗术对敌；"信"指讲信用和礼节；"谍"指间谍；"间"指离间，间而挠之，间而离之；"内"指内奸；"衅"指内乱、饥荒和丧事，在我方要谨慎处理，在敌人应加以利用；"逼"指以势逼敌投降，不战而胜；"与"指与邻国友好相处，国家之间结盟共同抗敌；"胁"指逼迫敌人听从我调动；"假"指假借占卜、神鬼、物象等蒙骗敌人；"名"指师出有名，执义循礼；"辞"指以辞令赢得战争胜利；"备"指未战先备，有备无患；"法"指赏罚之法制；"同"指与士卒同甘共苦；"本"指以民为本，修其本以胜敌;"保"指保障胜而不败,保卫胜利果实。

同时,对于相关的谋略,魏禧予以特别关注,做出综合性的说明。如论"需"、"疾",则说"当需者不可以疾,当疾者不可以需,需不害疾,疾不害久"。论"诡"、"信",则说"兵虽诡道,不厌信礼"。论"本"、"保",则说"未战修其本,既战保其胜"。诸如此类说法,都有一定的新意。

《兵谋》揭示了《左传》的军事谋略思想,表达了作者的军事谋略思想,每条之后又列举若干个战例予以证明,注明《左传》的历史年份,为人们阅读、研究《左传》提供了线索、方便。所以说《兵谋》是一部有价值的兵学著作。正如沈茂德在《兵谋跋》所云:"谋非一途也。择之贵精,虑之贵熟,用之贵简,取之贵博。……勺庭魏先生为文喜用左氏法,尝综左氏言兵事,剖决而贯穿之为谋三十有二,谓之《兵谋》。尝闻岳武穆用兵以阵图,为古法不足泥,顾好读左氏,则先生此书,岂真纸上谈哉?"不为纸上谈兵,当有实用价值。

(四)《兵法》主要内容

魏禧在对《左传》的军事谋略思想进行全面系统研究的同时,对《左传》的用兵作战方法亦作了研究、梳理,写成《兵法》一书。他认为"可见曰法","不可见曰谋","谋"与"法",互为表里,均不可或缺,相辅相成,相济共存。故讲"谋"同时,亦论"法"。

《兵法》一卷,是一部辑录《左传》用兵之法的兵书,把《左传》中的用兵之法进行了系统的梳理分类,为研究《左传》的军事思想提供了一些方便。其体例同《兵谋》,对于每一种方法,先作概念的解释,附录《左传》中的有关战例故事,并注明《左传》中的年份,加以具体的佐证。

《兵法》将《左传》中的用兵之法归纳概括为 22 条,并依次解释:"先"指先声夺人,先发制敌;"潜"指隐蔽袭敌;"覆"指埋伏乘敌而袭之;"诱"指示弱诱敌而击;"乘"指乘敌不意,攻其无备,如乘于未阵,乘于半济等;"衷"指中间割断敌人,分割包围,前后夹击;"误"指多方误敌而制敌;"瑕"指攻敌薄弱之处;"援"指准备援兵,以备不虞,不断声援;"分"指兵必分道,各施其用,方可立于不败之地;

"尝"指试探敌人的各种情况，以观察其是否可以攻取；"险"指与敌交战，必须知道地之险阻，持险制敌；"整"指军容严整；"暇"指示闲暇造成敌人判断失误；"众"指示众威慑敌人；"简"指简选精锐之兵卒，进攻、突袭敌人；"一"指统一进退号令，做到令行禁止；"劝"指激励士卒，振奋士气，抑制自己，激兵怒气，其方法有四：曰恩，曰威，曰忿，曰身；"死"指冲锋陷阵，拼死作战，毫不畏死；"物"指利用各种物资、器物，助战取胜，作战中，一切物资都要准备齐全，以便利用；"变"，指权变，灵活多变，不守常规，因敌制变，以求制胜；"将"指统率将领的方法。

魏禧军事著作中包含一些朴素的军事辩证法思想的用兵之道，与《孙子兵法》是一脉相承的。他把研究兵法和复兴古文结合起来，主张写有用于世的经世文章。时称"以文法言兵，以兵法作文"（沈茂德《兵法跋》）。魏禧的军事思想，从其《兵迹》《兵谋》《兵法》中，可以看出其用功之勤，精思之力，见解之明。

顾祖禹《读史方舆纪要》

梁启超在《中国近三百年学术史》中对《读史方舆纪要》赞颂说："实为极有别裁之军事地理学，而其价值在以历史事实为根据，其著述本意，盖将以为民族光复之用"。梁启超此语不仅说出了顾祖禹《读史方舆纪要》的价值，而且言明了顾祖禹此书的写作目的。

(一)顾祖禹其人其书

> 顾祖禹(公元1631—1692年)，字瑞五，号景范，江苏无锡人。少承家学，熟谙经史。清军入关以后，随其父避居山野。

他抱着反清复明的愿望，在其先辈研究边防和军事地理的基础上，阅览群书，考证史事；跋山涉水，实地考察。从顺治十六年（公元1659年）

开始，直到临终止，先后十易其稿，历三十余年撰成《读史方舆纪要》。顾祖禹在清朝初年，曾参与修撰《大清一统志》，却终生不仕。

《读史方舆纪要》130卷，其中"历代州域形势凡九卷，南北直隶十三省凡一百十四卷，山川源委凡六卷，天文分野一卷"。（魏禧《读史方舆纪要·叙》）另外，末附《舆图要览》4卷。全书共134卷，约280万字，舆图36幅，沿革表35份。

「顾祖禹」

（二）《读史方舆纪要》主要内容

《读史方舆纪要》作为一部军事地理著作，包含有丰富的军事地理学内容。

1. 详论明朝两京十三司的战略形势

明朝的行政区域，分为两京十三司，依次是京师、南京、山东、山西、陕西、河南、浙江、江西、湖广、四川、福建、广东、广西、云南、贵州。《读史方舆纪要》对于每个行政区域的战略形势都作出深刻的分析，可谓全书的精髓。

「《读史方舆纪要》」

京师，又称北直隶，处于燕赵一隅，有辽、金、元诸朝相继定都于此。顾祖禹着眼于历史，讨论首都的问题，认为明朝定都燕京，似得建瓴之势，足以控制天下，其实未必成算。通过论证，他认为如果定都燕京，就必须在开平、大宁、东胜、辽阳一线，建立稳固的防线。

南京，又称南直隶，或称江南，位于长江下游，既有富庶的经济环境，又得天然屏障的保护，曾经做过六朝首都，堪称政治军事中心。从战略防御的角度，分析长江天险，认为"敌在淮南，而长江之险，吾与敌共；敌在上游，而长江之险，乃制之于敌矣"。

所以，要确保江南的安全，必先稳定淮南地区，争夺上游地区，而不能把战略重心，只放在江南地区。若论江南都会，"金陵可为创业之地，而非守成之地也。局促于东南，而非宅中图大之业也。"（《直隶方舆纪要序》）

山东的地理形势，与京师犬牙相错，顾祖禹认为"能为京师患者，莫如山东"。其中，最主要的原因是，山东作为漕运的中枢，控制京师的命脉，具有特殊的战略地位。站在京师的角度，认为对于山东"驭之得其道，则吾唇齿之助也；失其理，则肘腋之患也。"（《山东方舆纪要序》）

山西东依太行，西临黄河，南接首阳、王屋，北枕大漠、阴山，具有战略优势。着眼于周边环境，顾祖禹明确指出："山西之形势，最为完固，关中而外，吾必首及。"（《山西方舆纪要序》）

河南地处中原，被称为"四战之地"，素为兵家所必争。在顾祖禹看来，"当取天下之日，河南在所必争，及天下既定，而守在河南，则岌岌焉，有必亡之势矣。"（《河南方舆纪要序》）

顾祖禹认为，"陕西据天下之上游，制天下之命者也。是故以陕西而发难，虽微必大，虽弱必强，虽不能为天下雄，亦必浸淫横决，酿成天下之大祸。"（《陕西方舆纪要序》）自古以来论建都，大多以关中为首选。认为陕西的战略地位，就天下大势而言，显得特别重要。

四川是一个盆地，被誉为"天府之国"，称得上"四塞之地"，容易形成割据政权，似乎可以坐享其成。顾祖禹认为"四川非坐守之地"，"以四川而争衡天下，上之足以王，次之足以霸，恃其险而坐守之，则必至于亡。"（《四川方舆纪要序》）

湖广的战略重地，有武昌、襄阳和荆州。顾祖禹认为，"以天下言之，则重在襄阳；以东南言之，则重在武昌；以湖广言之，则重在荆州。"（《湖广方舆纪要序》）三地相比较，襄阳独有形胜，"上可以通关陕，中可以向许洛，下可以通山东者，无如襄阳。"（《湖广方舆纪要序》）所以，顾祖禹论该地区，当设省会于武昌，建帅府于襄阳。

江西的地理形势，全在于南北两端：北有九江，南有赣州。顾祖禹认为：九江是门户之险，赣州是堂奥之险，两者有所不同。就军事战略而言，既不能只守门户，也不能只守堂奥。"以九江战，则踢躅于水滨；以赣州战，则崎岖于山谷，未可以必胜也。"（《江西方舆纪要序》）

浙江南临闽粤，北辅金陵，东御诸岛，西走饶歙，具有独特的战略地位。从它本身来说，"其民习波涛，善弓弩，甲兵亦可用也。但以僻在东陲，湖山间阻，以此争雄天下，势有所难逮耳。"（《浙江方舆纪要序》）

福建的战略地位，在顾祖禹看来，实在是不足称道。因为"僻处海隅，褊浅迫隘，用以争雄天下，则甲兵粮粮，不足供也；用以固守一隅，则山川间阻，不足恃也"（《福建方舆纪要序》）。

广东的战略形势，因为北阻五岭，南临大海，有一种流行的说法：以守则有余，以攻则不足。顾祖禹不赞同这种说法，他根据该地区的特点，明确指出："广东在南服，最为完固，地皆沃衍，耕耨以时，鱼盐之饶，市舶之利，资用易足也。"（《广东方舆纪要序》）

广西，地势高峻，实有建瓴之势。因为湘水北去，三江东流，从这两条道路出兵，可以得地利，很容易取得成功。然而，从广东到广西，也可以数道并进，使广西难以保全，"幸天下之不为我患，则势有所不能"。鉴于这种情形，顾祖禹认为"广西者，图之闲暇之时，则有济；谋之仓卒之顷，则无及也。"（《广西方舆纪要序》）

云南地处边陲，距离中原最远，对于天下的形势，不会有大的影响，但它东接黔蜀，南控交趾，西拥诸甸，北距吐蕃，仍具有战略地位。顾祖禹认为"云南所以可为者，不在黔而在蜀，亦不在蜀之东南，而在蜀之西北"（《云南方舆纪要序》）。这说明经略云南，应关注川滇交界处。

贵州地处偏隅，但在顾祖禹看来，并非"蕞尔之地"，而是攻防兼备。论防御，"守偏桥、铜鼓，以当沅、靖之冲，则沅、靖未敢争也；据普安、乌撒，以临滇粤之郊，则滇粤不能难也"。论进攻，"命一军出霱益，以压云南之口，而以一军东指辰沅，声言下湖南，而卷甲以趋湖北，武陵、澧阳不知其所守"（《贵州方舆纪要序》）。

2. 强调地理因素在战争中的重要作用

书中指出"孙子有言：不出山林、险阻、沮泽之形者，不能行军。不用向导者，不能得地利。夫论兵之妙，莫如孙子，而论地利之妙，亦莫如孙子。"（《总叙》二）认为地利是行军之本，只有懂得地利才能"动无不胜"（《总叙》三）。他还进一步阐明了从皇帝、朝臣到监官、县令，甚至老百姓都应懂得地理知识。指出皇帝对内要统管各个小诸侯国，对外要处理与四方民族的关系，只有了解各地的地理情况，才能选拔有能力的人，并把他们安排在适当的地方。宰相辅助皇帝治理国家，只有了解边防的地理情况，才能懂得军队在哪里驻守，应采取哪些防御措施。各司府官员为皇帝管理财物，只有了解地理，才能知道哪里征收多少赋税，哪里可屯蓄军资。监官、县令受皇帝委托，治理地方，只有了解地理，才能知道管辖地区的城池交通、山川湖泽及其给农业带来的利害。就是四方百姓，为国家服役，常年在外奔走，也应知道水陆交通的情况。尤其强调战时地理知识的重要性，并以历史上的正反事例来论证："先知马陵之险，而后可以定入魏之谋。先知井陉之堰，而后可以决胜赵之计。不然，曹瞒之智，犹惕息于阳平，武侯之明，尚迟回于子午。"(《总叙》三)

3. 提出要知地利于平日，战时用向导作补充

书中认为"左陷大泽而不知，前入深谷而不悟，乃欲执迷之人而求其为向导，向导其可恃乎哉？何也？向导用之于临时者也。地利知之于平日者也。平日未尝于九州之形胜，四方之险易，一一辨其大纲，识其条贯，而欲取信于临时之向导，安在不为敌所愚也。"(《总叙》三)因为行军的方向、攻击的目标、奇正的运用，都要根据地形条件进行权衡，这些只有大将才能掌握，不可能去问向导。大的方面事先要胸有成竹，"而后博求之于向导。从其可信，缺其可疑，以善吾地利之用。"(《总叙》三)

(三)《读史方舆纪要》的价值

在中国学术史上，地理归属于史学，有着悠久的传统。虽然从《汉书》开始，已有地理学研究，但侧重于军事战略。总论一代地理，则由顾祖禹发端，以《读史方舆纪要》为圭臬。正因为如此，无论在学术层面，还是在实践层面，《读史方舆纪要》都有重大的价值，被称为"数千百年所绝无而仅有之书"(魏禧《读史方舆纪要序》)。

《读史方舆纪要》的问世，备受学者的关注。清代吴兴祚说："昭时代则稽历史之言，备文学则集百家之说，详建设则志里邑之新旧，辨星土则列山川之源流，至于明形势以示控制之机宜，纪盛衰以表政事之得失，其词简，其事核，其文著，其旨长，藏之约而用之博，鉴远洞微，忧深虑广，诚古今之龟鉴，治平之药石也。"(吴兴祚《读史方舆纪要序》)

特别是其军事战略，更受到后人的重视。张之洞著《书目答问》，把《读史方舆纪要》列入兵家类，认为"此书专为兵事而作，意不在地理考证"（《张之洞全集·著述·书目答问·兵家》）。即使在目前，无论研究历史地理，还是探索军事战略，对于《读史方舆纪要》仍须予以高度重视。

魏源《海国图志》

公元 1839 年，林则徐担任钦差大臣，到广东负责禁烟。林则徐到任不久，就组织专职人员，翻译有关报刊，收集西方列强资料。继而利用这些资料，编纂《四洲志》，试图对西方列强做出系统的介绍。第一次鸦片战争失败后，林则徐被贬新疆。公元 1841 年 7 月，林则徐在赴戍途中，途经京口（今江苏镇江）时，约同魏源会晤。两位老友见面后，林则徐倾吐了"患无已时，且他国效尤"的远虑，并把在广州时搜集、翻译、出版的一部分外国资料及《四洲志》的手稿全部交给了魏源，嘱托他进一步搜集研究外国的情况和资料，编撰《海国图志》。

（一）魏源的生平

> 魏源（公元 1794—1857 年），字默深，湖南邵阳人。出身于官僚家庭，早年偏重阳明学，而特别爱读史书，后随其父亲进京，师从今文经学者刘逢禄，钻研公羊学，结识林则徐、姚莹、龚自珍等人，跟龚自珍交往很深，被人合称"龚魏"。

在鸦片战争期间，魏源入两江总督裕谦幕府，参与筹划浙江防务。公元 1844 年中进士，先后任江苏东台、兴化知县、高邮知州等职。公元 1854 年，在镇压太平军期间，因迟误驿报被免职。此后隐居兴化、杭州，潜心佛学，直至去世。他一生著述颇富，主要有《古微堂集》《老子本义》《孙子集注》《元史新编》《圣武纪》等，尤以《海国图志》著称。

「魏源塑像」

《海国图志》的编撰，始于公元1842年，起初成书50卷，后经过较大的增订，补充为60卷，直到公元1852年，又增补为100卷，主要介绍海外各国的地理环境、历史沿革和风物习俗，以及西方的军事技术和铁路、船舶、历法和宗教等，并站在清朝廷的立场上，分析鸦片战争以来的和战得失，着眼于政治、经济、军事问题，提出一整套战略构想。

（二）《海国图志》主要内容

《海国图志》既是一部记述世界各国地理、历史和经济、政治、军事、科学技术、宗教、文化等情况的外国史地著作，又是一部军事地理著作，是一部海防大全。它具有强烈的政治性，是一部"为以夷攻夷而作，为以夷款夷而作，为师夷长技以制夷而作"（《海国图志》卷首）的愤时之作，介绍史地知识、科学技术只是手段，御侮图强才是目的。其最大特点是具有强烈的反侵略思想，从选材到内容安排，都紧紧围绕这一思想展开。

1. "师夷长技以制夷"

贯穿《海国图志》全书的最主要思想就是"师夷长技以制夷"。魏源从介绍夷情入手，用"师夷"作手段，以"制夷"为目的。他提出，"欲制外夷者，必先悉夷情始。"（《海国图志》卷一）"同一御敌，而知其形与不知其形，利害相百焉；同一款敌，而知其情与不知其情，利害相百焉。"（《海国图志》卷首）魏源通过鸦

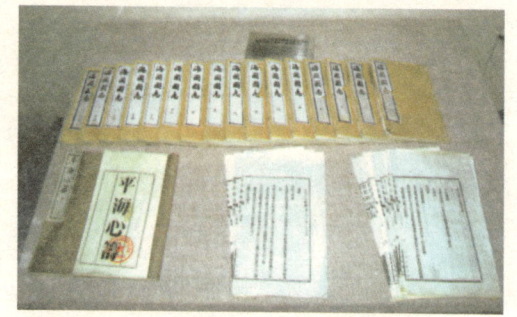

「《海国图志》书影」

片战争，比较了敌我双方的优劣，认识到要抵制西方侵略（制夷），必须向西方学习（师夷），提出了著名的"师夷长技以制夷"的思想。他认为，对于以"洋艘洋炮"为"长技"的侵略者，既不要惧怕，也不要轻敌，主张对英国侵略者要"力持鸦片之禁，关其口，夺其气"，把外流的白银，用来

"购洋炮洋艘，练水战火战之用，尽收外国之羽翼为中国之羽翼，尽转外国之长技为中国之长技"（《道光洋艘征抚记》下）。

2. 依靠人民群众，反对外国侵略

魏源通过沿海人民反对外国侵略的事实，看到了人民的伟大力量，提出了利用民众的力量打击侵略者的主张。他认为，"调客兵不如练土兵，调水师不如练水勇"，"挑选土著之利有三：一曰服水土；二曰熟道路；三曰顾身家。"并指出："广东岸上力作之人与水中渔贩之人，其技勇皆欧罗巴人所不及，若挑练此等人为兵卒可谓一等勇壮之兵。"（《海国图志》卷一）他还主张裁减水师，以本地人充任，"取诸沿海渔户枭徒者十之八，取诸水师旧营者十之二，尽裁并水师之虚粮冗粮，以为募养精兵之费。"（《海国图志》卷二）魏源把抵抗侵略的人民群众称为"义民"、"义兵"，予以歌颂赞美；而对那些仇视、害怕和污蔑人民为汉奸的投降派的无耻谰言予以坚决驳斥："若谓闽粤民兵虽可用，而多通外夷"，那么"何以广东之斩夷酋、捐战船者皆义民？两禽夷舶于台湾、火攻夷船于南澳者亦义民？"（《海国图志》卷二）并举三元里人民抗英斗争的具体事例说："三元里之战，以区区义兵，围夷酋，斩夷帅，歼夷兵，以款后开网纵之而逸，孰谓我兵陆战之不如夷者？"（《海国图志》卷一）

3. "守外洋不如守海口，守海口不如守内河"的海防思想

魏源之所以提出与明代郑若曾等人完全相反的海防思想，是因为清朝所面临的敌手和明代倭寇有很大不同，他们船坚炮利，具有海上作战的优势，清军必须扬长避短，方能制服敌人。所以魏源提出要采取类似游击战的战术，具体战法是：选择有利地形，扼守内河，坚壁清野，选练精兵，备好火攻，埋伏奇兵，诱敌深入，然后依靠"兵炮地雷，水陆埋伏"，狠狠打击侵略者。他认为采取这种战术，就会"如设阱以待虎，设罾以待鱼"（《海国图志》卷一），必制敌于死地。

(三)《海国图志》的影响

在鸦片战争后，魏源编撰《海国图志》，既为整个社会提供一部翔实的外国史地读本，又为清朝廷提出一整套战略构想。几乎与此同时，徐继畬编成《瀛环志略》，与《海国图志》属于同类著作。王韬曾经评论说：

"近来谈海外掌故者,当以徐松龛中丞之《瀛环志略》、魏默深司马之《海国图志》为嚆矢……此二书者,各有所长,中丞以简胜,司马以博胜。"(王韬《弢园文录外编·瀛环志略跋》)这两部著作的问世,对于人们认识外国历史地理、风土民情,以及各种国际问题,有着重要的价值。

当然,魏源的战略构想,对于晚清政治的影响,主要是"师夷长技以制夷"。因为军事技术的落后,在鸦片战争以后,清朝廷要和列强抗衡,必须先向西方学习。在魏源看来,"塞其害,师其长,彼且为我富强;舍其长,甘其害,我乌制彼胜败。"所以说"善师四夷者,能制四夷;不善师外夷者,外夷制之"(《海国图志·大西洋总叙》)。"师夷长技"的方法作为一种必然选择,成为"制夷"的前提。

「魏源故居」

在魏源身后,围绕"师夷长技"问题,一大批先进分子紧随其后,推动着中国近代化的进程,经过洋务运动,创办不少近代企业,主要制造船舶、器械,对于清朝军队结构的调整、武器装备的改进,起到一定的作用。

下篇 长江流域的战争

长江流域战争概述

长江流域的战争,从先秦到明清,连绵不断。既有诸侯的江上争霸,又有朝代更迭之时的民族统一战争;既有抗击外敌入侵的战争,又有内生的农民战争。这些战争无论什么性质,交战双方都或充分利用、或尽力克服长江天险达成其战争目的。这些战争呈现出显著的江河作战特点。

长江流域的战争，在夏、商、西周时期，无论是中央王朝对流域内的征伐，还是流域内诸侯国之间的战争，规模都不大。到了春秋时期，随着流域内巴、蜀、楚、吴、越等诸侯国国力的增强，争霸战争、兼并战争连绵不断，战争规模不断扩大。

公元前506年在吴王阖闾率领下，吴军以3万精锐之师，深入楚国腹地，击败楚国的20万大军。吴国战胜多年宿敌的楚国，从而改变了春秋晚期长江流域的战略格局，为吴国争霸奠定了坚实基础。

同一时期，长江下游的吴国和越国之间爆发了一系列争霸战争，战争自公元前510年开始，持续至公元前475年，历时共35年。最终以吴国的灭亡和越国的胜利而告结束。

"纵合则楚王，横成则秦帝"，秦国要统一天下，必须南下灭楚。在灭亡楚国之前，必须削弱楚国的力量。从公元前279年至公元前278年，秦国名将白起率领秦国大军深入楚国腹地，攻下楚国鄢（今湖北宜城东南）、郢（今湖北江陵西北），重创楚军主力，迫使楚国迁都于陈（今河南省淮阳县）。

秦朝统一天下以后，历经两汉，中央王朝的敌人主要是匈奴，战争主要发生在西北和北方的蒙古高原，长江流域基本上没有发生大规模的战争。时至三国，曹操统一北方以后，为了实现天下一统，率领大军南下，与孙权和刘备的联军在长江中游的赤壁展开激战，结果以曹操的失败而告终。赤壁之战以后，曹操雄心受挫，力量削弱，无力再次率军南下，完成统一大业；孙权和刘备在南方的政权逐渐得以巩固，天下三分的局面形成。

然而，孙权和刘备之间，围绕荆州问题，摩擦不断。关羽"大意失荆州"之后，被孙权的部下马忠所杀。刘备为了给关羽报仇，率领蜀国大军，沿长江东下，与东吴的陆逊战于夷陵，结果刘备被陆逊打败，败走白帝城。

西晋定鼎以后，为了统一天下，于公元280年，晋武帝司马炎命王濬等人率领西晋大军，水陆俱进、多路并发，顺长江东流直下灭吴，从而结束了东汉以来数十年的分裂局面，亦为后世用兵长江提供了借鉴。

东晋南北朝时期，南北政权对立，总体而言，势均力敌。北方的少数民族政权想南下统一中国，以及南方的政权想北伐、收复中原失地都十分艰难。这一时期，南北政权之间爆发的战争主要发生在淮河一线。

隋文帝杨坚于公元581年建立隋朝。在取得北击突厥作战的决定性胜利之后，杨坚便加紧实施南下灭陈计划。公元588年10月，隋文帝见灭陈时机已经成熟，便派大军南下，于公元589年2月攻下建康（今江苏南京）。隋灭陈之战，结束了自东晋以来南北长期分裂局面，使中华大地重归一统，这是隋王朝对中国历史发展做出的重大贡献。

隋朝立国三十余年，为唐朝取代。唐朝统一北方以后，于公元621年派遣李孝恭、李靖率领大军南下，攻灭了都于长江中游江陵、割据江南的萧铣政权。大唐盛世时期，长江流域安澜了将近300年。

公元960年，赵匡胤发动陈桥兵变，取代后周政权，建立北宋。公元1127年，"靖康之变"，宋室南迁，都于临安（今浙江杭州）。金军多次南下，以期灭亡南宋，皆因长江天险难以突破，未能达到目的。公元1161年9月，金主完颜亮率领60万大军，分四路大举南下，希望一举灭亡南宋，但未曾想到被虞允文率领的南宋军队大败于采石江面。

公元1206年，成吉思汗统一蒙古各部，建立蒙古汗国。公元1235年，蒙军在西起川陕、东至淮河下游的数千里战线上同时对南宋发动进攻，宋、蒙战争全面爆发。公元1258年，蒙哥率四路大军南下征宋，其中西路军为蒙军主力，由蒙哥亲自率领，攻四川。未曾料想蒙古铁骑顿兵于重庆钓鱼城下。蒙古数万精兵，围攻钓鱼城长达5个月之久，也无力攻克这座山城。蒙哥身负重伤，不治而亡，蒙军损失惨重而不得不大军北撤。南宋取得了钓鱼城保卫战的胜利，阻止了蒙军迂回包围战略计划的实现，使南宋的危势得以暂时缓解。

蒙古大军北撤蒙古高原以后，忽必烈与其弟弟阿里不哥争夺汗位，公元1265年，忽必烈打败了阿里不哥。在稳定了蒙古政局以后，忽必烈积极准备灭亡南宋的战争。他总结蒙哥钓鱼城失败的教训，在战略上做了重大调整，以襄樊为主攻方向，中间突破，直趋临安。从公元1267年蒙将阿术进攻襄阳开始，到公元1273年，蒙古大军经过6年的围困，终于攻下了襄阳，南宋的门户被彻底打开。公元1276年，蒙古大军攻下了南宋都城临安。

元朝末年，长江流域爆发了大规模的农民起义，其中占据长江下游的朱元璋和占据长江中游的陈友谅实力较强。从公元1360年闰5月到公元1364年初，朱元璋与陈友谅进行了将近5年的较量，经过应天、洪都、鄱阳湖三大战役，最终朱元璋打败了陈友谅。对陈友谅作战的胜利，奠定了朱元璋平定江南的基础，为统一全国、建立明朝，创造了有利条件。

明朝两百七十年余年间，长江流域基本上没有大的战事。公元1644年，清朝定都北京以后，为了消灭南明政权，清朝重用降清明将吴三桂镇守云贵，尚可喜镇守广东，耿仲明镇守福建。为了巩固清朝政权，康熙皇帝在公元1662年登基以后，便着手进行削平三藩的准备。其中，重点是吴三桂。从公元1673年9月康熙皇帝下达撤藩诏令，到公元1681年10月，清军攻下吴三桂经营多年的云南昆明，长达8年的平定吴三桂战争结束。这场平叛战争主要在长江流域展开，其中湖南战场最为激烈。这次平叛战争的胜利，清除了地方割据势力，避免了统一国家的分裂，中央集权制力量得到。

时至近代，公元1851年1月，洪秀全领导太平天国起义，公元1853年3月，定都天京（今江苏南京）。同年5月，太平军进行西征，西征的战略目的在于夺取皖、赣，进图湘、鄂，控制安庆、九江、武汉这三大军事据点，确保天京的安全，并解决天京军民的粮饷供给问题。西征军开始时进展比较顺利，但后来形势逆转直下。公元1855年1月，石达开率军援助西征军，与曾国藩的湘军在江西九江湖口展开激战，太平军大胜。太平军湖口之战的胜利，打破了曾国藩夺取九江、直捣金陵的企图，使太平军西征战局转败为胜。湖口之战胜利后，太平军便在长江南北展开全线反攻，夺回了长江中下游地区战争的主动权。

进入20世纪，革命浪潮风起云涌。湖北地区的革命党人经过长期坚持不懈的努力，1911年10月10日，在武昌打响了推翻清朝统治的第一枪，并取得胜利。湖北武昌首义的成功对于辛亥革命的胜利意义重大。在武昌起义的影响下，全国范围的革命高潮很快形成，清政府在全国人民的不断起义打击下，迅速走向灭亡。中国存在两千多年的封建帝制在战争中走进了历史，战争推动了历史的发展。

春秋战国时期的战争

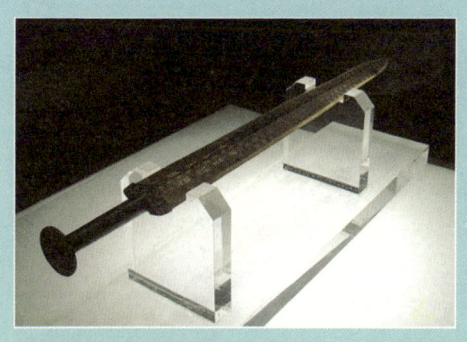

春秋战国时期,随着长江流域内巴、蜀、楚、吴、越等诸侯国国力的增强,争霸战争、兼并战争连绵不断。影响较大的战争有公元前506年的吴师入郢之战,公元前510—公元前475年吴越之战,公元前279—公元前278年的秦楚鄢郢之战。

吴师入郢之战

司马迁《史记·孙子吴起列传》记载："(吴国)西破强楚,入郢……孙子与有力焉!"就是春秋末期周敬王十四年(公元前506年)爆发的吴师入郢之战。

(一)战前背景

楚国是春秋时期南方的一个大国,自晋楚城濮之战后,楚国北进中原受阻,于是转而向东发展。公元前624年,楚穆王开始向淮河流域扩张,第二年攻灭江国(今河南罗山县西北)。公元前622年又先后灭亡六(今安徽六安东北)、蓼(今河南固始县西北)两国,并伺机东进。于是,同正崛起于长江下游并向淮河流域扩展的吴国不期而遇,战端遂开。从公元前584年第一次"州来之战"起(州来治今安徽凤台县),两国之间在短短的六十年余年时间里,曾先后发生过十次较大规模的战争,其中吴军全胜六次,楚军全胜一次,互有胜负三次。总的趋势是,吴国逐渐由弱变强,开始占据战略上的主动地位。

历史这样巧合,此时吴国历史上诞生了一位明君——吴王阖闾。公元前515年,吴国发生了一件惊天动地的大事,公子光派刺客专诸刺杀了吴王僚,公子光即位,是为吴王阖闾。阖闾即位以后,励精图治,发展生产,改良吏治,整军经武:"立城郭,设守备,实仓廪,治兵库",并大胆任用伍子胥、孙武、伯嚭等外来杰出军政人才,积极筹备着争霸大业。吴王阖闾要实现自己的霸业,楚国就成为其最大障碍,这样与楚国进行战略决战,箭在弦上,势在必行。

「春秋倒刺铜镞」

(二)战争经过

1. 疲楚误楚,制造假象

当然,楚国毕竟是一个大国,当时就整体实力而言,楚对吴还具有一定的优势。所以,公元前512年阖闾第一次提出大举攻楚的战略计划时,睿智的孙武即以"民劳,未可,待之"的理由加以劝阻。

不过,吴国君臣并未消极等待,而是积极谋划,主动创造条件。为此,伍子胥向吴王阖闾提出了疲楚误楚之策,即把吴军分为三军,轮番骚扰楚军。阖闾采纳了这一建议,当吴军的第一支部队袭击楚境的时候,楚国立即反应,派大军迎击。但是当楚国从纵深调兵抵达两国边境的时候,吴军则立即回撤。而当楚军回撤之时,吴军第二支部队又攻入了楚境。吴军如此轮番袭扰楚国边境达6年之久,《左传》记载:自楚昭王立,无岁不有吴师。吴军先后袭击楚国的夷(今安徽涡阳附近)、潜(今安徽霍山东北)、六(今安徽六安市北)等地,致使楚国连年疲于应付吴军。同时,吴军这种稍尝辄止、不决战的做法,也给楚军造成错觉,误以为吴军的行动仅仅是"骚扰"边境而已,而忽视了吴军这些"佯动"背后所包藏真正意图,放松了应有的警惕。疲楚误楚之策不仅耗费楚国的大量人力物力,致使国内十分空虚,而且楚军将士疲于奔命,毫无斗志,为吴国大举攻楚创造了条件。

2. 联合唐蔡,共伐楚国

蔡国和唐国本来都是楚国的附属国,但公元前510年发生的一件事情却从根本上改变了这种状况。这一年,唐成公和蔡昭侯分别到达楚国国都朝见楚王。楚国令尹子常得知他们分别带有宝马和玉佩,便向他们索要。唐成公和蔡昭侯都不愿意把宝马和玉佩献给子常,于是子常便向楚昭王进谗言,说他们回国后将会为吴国做向导攻打楚国,并以此把二人囚禁在楚国国都三年。最后唐成公和蔡昭侯不得已把宝马和玉佩给了子常,才得以脱身回国。

公元前506年,蔡昭侯为了雪耻,亲自赴晋国向晋定公诉说遭受子常索贿和囚禁之苦,并请求晋国出兵伐楚,但蔡昭侯策划晋国伐楚之策最后流产了。蔡昭侯请求晋国伐楚不成,在归国途中,便率领蔡国军队攻打楚国的附属国沈国，楚国为了救沈国，出兵攻打蔡国。蔡昭侯自知力屈不能敌楚，于是把公子乾作为人质送到吴国，请求吴国出兵救蔡。同时，唐国的唐成公也愤懑于楚国的不断侵凌勒索，而主动遣使与吴国修好，要求协助吴国共抗强楚。

唐、蔡两国虽是蕞尔小国，但位居楚国的北部侧背，战略地位相当重要。吴国通过和它们结盟，遂可以实施远程战略奇袭作战计划。所以，面对唐、蔡两国的请求，吴王阖闾立即召见孙武和伍子胥说："以前你们认为楚国郢都不可入，今则如何？"二人回答说："楚将子常贪婪，而唐国、蔡国皆怨之。大王要攻打楚国，必须得到唐国和蔡国的帮助。"于是，吴王阖闾派遣使者答应唐、蔡两国的要求，并征调两国之军，以配合吴军作战。

3. 柏举决战，五战入郢

公元前506年冬天，吴王阖闾亲自挂帅，以孙武、伍子胥为大将，胞弟夫概为先锋，倾全国兵力水陆之师3万余人，乘坐战船，沿着淮河浩浩荡荡逆水西进，到达淮汭（今河南潢川县西北）后，舍舟登岸。登陆后，即向蔡国前进以救蔡，楚国令尹子常见吴军救蔡，乃解围而归。由于楚军为车步军，子常撤围时乃迂回向西由邓而回师。当他抵达汉水西岸时，突闻吴军在蔡、唐两国军队的配合下，兵不血刃，迅速地通过楚国北部大隧、直辕、冥阨三关险隘（在今河南信阳南），挺进到汉水东岸。吴军取得了"出其不意，攻其无备"的战略奇袭效果，堪称实践了《孙子兵法》所言"以迂为直"原则的杰出典范。

为了阻止吴军向楚国都城进攻，楚昭王派遣令尹子常及左司马沈尹戌、武城大夫黑、大夫史皇等率军在夏州（今湖北汉口）以西，沿汉水右岸进行防御，同吴军隔水对阵。

从双方情况来看，吴军士卒虽少但

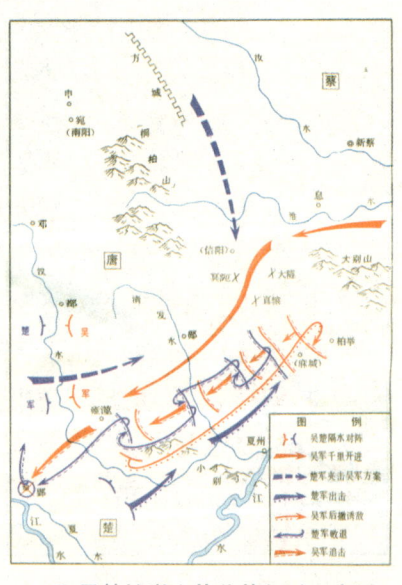

「吴楚柏举之战作战经过示意图」

相当精锐,且已占有突袭带来的先机之利,故利在速战速决。楚军人数众多而战斗力较差,但后勤保障等条件较为优越,故利在持久防御,消耗吴军,而后集中优势兵力,伺机破吴。

楚军之中左司马沈尹戌是一位头脑冷静、深富韬略的优秀军事将领。他根据双方战略态势,并针对吴军的作战特点,向统帅子常建议:由子常率楚军主力沿汉水西岸正面设防,而他本人则率部分兵力北上方城(今河南方城),迂回吴军的侧背,毁其战船,断其归路,之后与子常主力实施前后夹击,一举消灭吴军。

子常起初同意了沈尹戌的建议,可是待沈尹戌奔赴方城后,却又听从武城黑和史皇的挑拨怂恿。出于贪立战功的心理,而一改原先商定的作战计划,采取冒进速战的方针,不待沈尹戌军完成迂回包抄行动,即擅自单独渡过汉水向吴军进攻。

吴军见楚军主动出击,不禁大喜,遂采取后退疲敌、寻机决战的方针,主动由汉水东岸稍稍后撤。子常果然中计,误以为吴军怯战,挥军直追。

吴军以逸待劳,在小别(今湖北汉川东北)至大别(今湖北省境内大别山脉)间迎战楚军,结果楚军接连失利,由此而造成士气低落、军队疲惫。

「春秋吴国大翼战船」

吴军见楚军已陷入完全被动的困境,于是当机立断,决定同楚军进行战略决战。公元前506年11月19日,吴军在柏举(今湖北汉川县北,一说湖北麻城)列阵迎战楚军。阖闾弟夫概认为子常素来不得人心,楚军无死战之志。因此主张吴军立即主动发起攻击。但阖闾出于谨慎而否决了夫概的建议。夫概不愿放弃这一胜敌的良机,便率领自己的5000部属奋勇攻击楚军。楚军一触即溃,阵势大乱。阖闾见夫概部突击成功,乃乘机以主力投入交战,扩大战果,大胜楚军。子常失魂落魄,弃军逃奔郑国,史皇战死沙场。

遭到重创的楚军残部纷纷向西溃逃,吴军乘胜追击,到柏举西南的清发水(今湖北省安陆市境内涢水)追上楚军。楚军正在渡河,待楚军半渡之时,阖闾挥军师攻击,以"半济击"战法,再次给渡河逃命中的楚军以沉重的打击。渡过河的楚军逃到雍澨（今湖北京山西南），正埋锅造饭，吴军突然追至，楚军弃食仓惶逃走。楚左司马沈尹戌得知子常主力溃败，急率兵马由息（今河南息县）赶回救援。此时吴军已得楚食，正分兵追击楚军，突然遭到沈尹戌部的猛烈攻击，猝不及防，败下阵来。等吴军主力赶到后，孙武指挥部队迅速将沈尹戌部包围。尽管沈尹戌竭力冲杀，英勇顽强，但毕竟无力回天，伤重而亡。

至此，楚军全线崩溃，郢都（今湖北江陵西北）完全暴露在吴军面前。吴军在孙武和伍子胥等人率领下，五战五捷，势如破竹，于11月29日攻入楚国都城郢都。楚昭王猖狂逃离郢都，因吴军追兵甚急，便命人放出楚国宫中的象群，以火烧象尾，纵象向吴军追兵冲去，以退却追兵，遂得以逃脱。楚昭王出逃后，先逃到云梦，再辗转到郧国、随国，吴军追至随国，不获而返。吴师入郢之战遂以吴军的胜利而告结束。

吴师入郢之后，吴国君臣上下纵暴郢都，内讧迭起，在秦楚联军的反击下，军事、政治均陷于被动，最后被迫退回吴国。用孙武的话来说，即是"夫战胜攻取，而不修其功者，凶。命曰费留"。楚国虽然得以复国，但元气大伤，那已是后事了。

（三）战例评析

> 吴师入郢之战是春秋晚期一次规模宏大、战法灵活、影响深远的大战。在吴王阖闾率领下，吴军以3万精锐之师，深入楚国腹地，击败楚国的20万大军，成为中国战争史上以少胜多的经典战例。吴国战胜多年宿敌的楚国，从而改变了春秋晚期的战略格局，为吴国争霸奠定了坚实基础。

吴军的取胜，首先，政治上吴王阖闾修明政治、发展生产、任用贤能。其次，外交上善于"伐交"，适时争取到唐、蔡两国的大力支援。再次，军事上作战指导高明：采取疲楚误楚策略，使楚军疲于奔命，松懈戒备；选择正确进攻方向，"以迂为直"，乘隙蹈虚，远距离战略奇袭；把握战争主动权，"致人而不致于人"，选择有利的决战时机，先发制人；实施战略追击，不给楚军以重整旗鼓、进行反击的任何机会。

楚军的失败，就政治和外交而言，在于其政治腐败、内部动乱、将帅不和、四面树敌、自陷孤立。就军事而言，不仅在于其平时的疏于戒备，而且在于其主将贪鄙无能，临战乏术，轻率决战。

吴师入郢之战后，吴楚之间的争端基本得到平息，吴国从此不再把楚国视为主要战略对手，转而与越、齐、晋诸国进行交锋，争夺霸权，历史由此而进入了吴、越长期争战的阶段。

越灭吴之战

> 吴越之战，是春秋末期位居长江下游的两个诸侯国吴和越之间进行的最后一次争霸战争。战争自公元前510年开始，持续至公元前475年，历时共35年，中经吴伐越的檇李之战、越伐吴的夫椒之战、笠泽之战和姑苏围困战，最终以吴国的灭亡和越国的胜利而告结束。

(一)战前背景

1. 吴越矛盾的发展

公元前514年，吴王阖闾即位后，任用逃亡到吴国的原楚国贵族伍子胥和齐国的孙武，改革内政，扩充军队，加强战备，实力不断增强，制定了"西破强楚，北威齐晋，南服越人"的战略方针，并命伍子胥修建国都姑苏（今江苏苏州）城，以巩固后方。

越国是古代越族人所建立的国家，春秋中晚期开始迅速崛起。在允常和勾践统治期间，越国的实力有了相当大的发展，成为南方地区仅次于楚、吴的大国，其国都在会稽（今浙江绍兴）。随着国势的逐渐强盛，允常和勾践也想学着中原诸国的榜样，循序渐进争霸中原。这势必与吴国产生冲突。

公元前510年，吴国进攻越国，两国争战就此展开，

战国越王石矛

「勾践」

双方你来我往，开始了长期的拉锯战。公元前506年，阖闾率军攻楚。次年春天，允常乘吴国内空虚，出兵袭击吴都姑苏。吴王急忙派兵回救，才将越军赶出国境。

公元前496年，允常病死，子勾践继位。吴王为"南服越人"，遂乘勾践新立之机，率军攻越。双方对阵于槜李（今浙江嘉兴县西南）。勾践见吴军容严整，组织敢死队连续几次发起冲击，均被吴军击退。在此情况下，勾践迫使犯了死罪的囚徒，列为三行，持剑走到吴军阵前，一起举剑自杀。吴军将士被这一疯狂举动所震慑，不禁个个目瞪口呆，军心震撼，阵脚大乱。越军乘机发动突然袭击，大败吴军。阖闾本人也因受重伤，不治而死，临死前再三嘱咐太子夫差牢记这一血海深仇。

夫差继位后，时刻牢记杀父之仇，日夜练兵，增加库实，发展军事力量，积极备战，准备出兵攻越。公元前494年春，越王勾践得知夫差准备攻越的消息后，不听大臣范蠡的劝告，在准备不充分的情况下，决定孤注一掷，先发制人，出兵攻吴。吴王夫差听闻越军来犯，当即调集10万精兵御敌。两军相遇于夫椒（今江苏苏州西南）。吴军在夫差、伍子胥等人的指挥下，出奇兵高举火把，猛攻越军两翼，并乘敌混乱之际，夹击越中军主力。越军被杀得丢盔弃甲，鬼哭狼嚎，损失惨重，只剩下5000人退守会稽山。吴军乘胜追击，攻破越都会稽，并进而包围了会稽山。在生死存亡的危急关头，大夫范蠡提出屈辱求和的建议，主张用卑辞厚礼向吴求降，如若不允，就由勾践亲自去吴国做人质。勾践采纳了这一建议，一面准备死战，一面派文种去向吴王求和，并用美女、财宝贿赂吴太宰伯嚭，请他从中斡旋，劝说夫差允许越国作为吴的附属国，并声明如吴国不许，则越将破釜沉舟，与吴血战到底。伍子胥认为争霸中原不如灭越有利，并看出越国君臣卑辞厚礼的背后所隐藏的灭吴野心，因而坚决主张彻底灭越，否则，必将养虎贻患。但夫差急于北上同齐、晋争霸，认为越国既已投降，便名存实亡，不足为患。因此答应越国议和，率军回国。

春秋战国时期的战争

「范蠡」

2. 越国的战争准备

越国经夫椒一战，元气大伤，为安抚民心，鼓舞士气，勾践下诏罪己。接着又把国内事务分别托付给文种等大臣负责管理，勾践自己则带着范蠡等人去吴国给夫差当奴仆。勾践在吴国忍辱含垢，历尽艰辛，终于骗得夫差的信任，于3年后被释放回国。

勾践回国后，"卧薪尝胆"、"十年生聚"、"十年教训"，积极进行复国灭吴的准备。在政治上，争取民心，选贤纳谏。史载，他"身自耕作，夫人自织，食不加肉，衣不重采，折节下贤人，厚遇宾客，振贫吊死，与百姓同其劳"。让文种治政，范蠡整军，建立招贤馆，礼遇收罗各方面人才。在经济上，减免赋税，开垦荒地，发展生产，奖励生育，增加人口。在军事上，筑城立廓，修缮被战争破坏的都城，训练部队，厚赏严刑，扩充兵员。

在复兴越国经济、军事的同时，越国还制定了正确的对吴斗争策略，奉行"结齐、亲楚、附晋、厚吴"的方针。不断送给夫差丰厚的礼物，表示忠心臣服，以消除他对越国的戒备；使美人计，送美女西施、郑旦给夫差，使他沉溺女色，分散精力；贿赂吴臣，争取他们的同情和帮助；并离间吴国内部，挑起大臣的不和；破坏吴国的

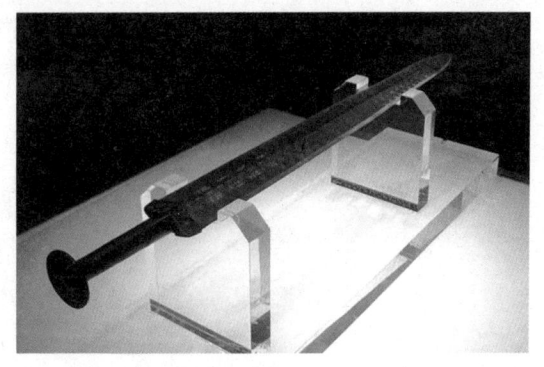

「越王勾践剑」

经济，用高价收买吴国的粮食，使其内部粮价高涨，造成供应困难；采集优良的木材，选派能工巧匠，送给夫差，促使其大兴土木，消耗人力、物力。上述措施，收效显著，壮大了自己，削弱了敌人，争取了与国。越国力量大为增强，发兵伐吴所缺乏的只是时机问题了。

3. 夫差北上争霸

在越国上下一心、励精图治、为复仇雪耻而磨刀霍霍时，吴国却日趋腐败。夫差因胜而骄，奢侈淫乐，穷兵黩武。调用大量人力物力建造姑苏台，不分昼夜同西施在上面狂欢作乐。同时，急于以武力威胁齐、晋，称霸中原。公元前 489 年，进攻陈国，次年攻鲁，慑服了附近的小国，为北进中原开辟了道路。夫差又征调大批民工构筑邗城，作为北上基地，开凿邗沟，沟通江淮，以利军运。

公元前 484 年，夫差听说齐景公已死，决定大举攻伐齐国。伍子胥认为越国是对吴国构成最大威胁的敌人，攻齐必然会给越国提供可乘之机。但夫差一意孤行，出动吴军主力，联合鲁军，击败齐军。战后，夫差更加骄横，不可一世，认为只要最后压服晋国，就可取得中原霸权，于是约定晋定公和各国诸侯，在公元前 482 年 7 月 7 日到黄池（今河南封丘西南）会盟。行前，夫差对太子友提出应防备越乘虚而入的劝谏置若罔闻，认为中原霸权唾手可得，不可坐失良机。因此，执意北上，自率精兵 3 万，空国远征，北上黄池，只留下太子友等人率老弱病残一万余人留守都城姑苏，勾践梦寐以求的机会终于来到了。

「吴王夫差铜矛」

(二)战争经过

1. 越军袭击姑苏，吴国被迫求和

公元前 482 年 6 月 12 日，勾践调集军队 4.9 万人，兵分两路，一路由范蠡、后庸率领，由海道入淮河，切断吴军自黄池的归路；一路由大夫畴无余、讴阳等为先锋，勾践自率主力继后，从陆路北上直袭吴都姑苏。

吴太子友率兵到泓上（今江苏苏州近郊）阻止越军进攻。他感到精锐部队已全部北上，实力不足，主张坚守待援。但吴将王孙弥庸轻视越军，不听调遣，擅自率 5000 人出战，6 月 21 日，击败越军先头部队，俘虏了畴无余、讴阳，取得小胜，更加骄傲轻敌。22 日，勾践主力到达，发起猛攻，将吴军包围聚歼，并俘虏太子友等。23 日，乘胜进入吴国的都城姑苏，缴获大批物资，取得了这次战争的胜利。

此时夫差正在黄池与晋定公争当霸主，听说越军袭破姑苏，太子被俘，惟恐影响争霸，就一连杀掉7个来报告情况的使者，以封锁这一不利的消息，并用武力威胁晋国让步，终于勉强做了霸主，然后急忙回国。但是由于姑苏失守的消息已经泄露，军心涣散，将士皆无斗志，再加上长期远征，人马困乏，夫差自知无力同越军决战，便派遣伯嚭携带大量礼物前往向越军大营求和。勾践也因实力不足以灭吴，接受了夫差的议和请求，撤兵回国。

2. 笠泽之战

夫差向越求和后，由于连年战争，生产遭到极大破坏，国内又闹灾荒，一时无力反击，就息民散兵，企图恢复力量，等待良机。

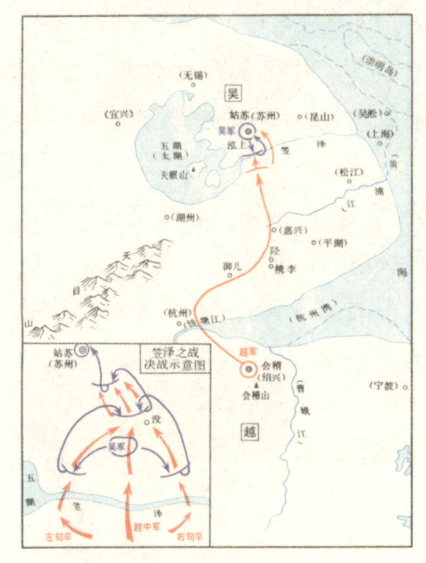

「吴越笠泽之战作战示意图」

而越国却利用缴获的资财充实了自己，提高了战胜吴国的信心。公元前478年，吴国发生空前的饥荒，勾践认为大举伐吴的时机已经成熟，遂在经过充分的准备后，于3月率军出征，进至笠泽（水名，今苏州南）。夫差也率领姑苏所有的部队迎击越军。吴军在江北，越军在江南，双方隔水对阵。黄昏时，勾践在主力的两翼派出部分兵力隐蔽江中，半夜时，鸣鼓呐喊，进行佯攻以调动敌人。夫差误以为越军两路渡江进攻，连忙分兵两路迎战。勾践乘机率主力偃旗息鼓，潜行渡江，出其不意地从吴军中间薄弱部位展开进攻，实行中央突破。吴军兵败溃退，越军乘胜扩张战果，挥兵猛追，再战于没溪（今江苏苏州南郊）和姑苏城郊，大败吴军，夫差仅率少量残兵逃入姑苏城中。

3. 围困姑苏

公元前475年，越王勾践再一次大举伐吴，一路连胜，很快便进抵姑苏城下。鉴于夫差率残兵固守姑苏，一时难以马上攻克，于是勾践采取了长期围困的战术，企图困毙吴军，以最后夺取姑苏。吴军被围于姑苏达3

「战国弩机」

年之久,终于势穷力竭,难以为继,士卒分散,城门不守。公元前473年11月,勾践指挥越军对姑苏城发动总攻击,守城吴军一触即溃,越军很快就攻占了姑苏城。夫差率少数亲信残兵仓皇逃到城郊姑苏台上(苏州西南姑苏山上),但很快又被追踪而来的越军所包围。夫差无可奈何,企图效勾践当年之故伎,卑辞求和,勾践断然拒绝了夫差的请求,夫差绝望自杀,吴国灭亡。

(三)战例评析

吴越战争,双方经过长期较量,几经反复,中经吴伐越的檇李之战、越伐吴的夫椒之战、笠泽之战和姑苏围困战,最终以吴国的灭亡和越国的胜利而告结束。

越国的取胜,首先,政治上能吸取教训,虚心纳谏,收揽民心,号召越国民众参加作战。其次,经济上采取了一系列恢复生产、发展经济、组织军队等措施,为灭吴奠定了物质基础。再次,军事上采用了乘虚捣隙的作战方针,抓住时机,攻其不备,使吴军陷于被动不利的境地。

吴国的失败,主要在于吴王夫差没有认清形势,过高地估计了自己的力量,过低地估计了邻国的力量,看不到国内经济由于连年战争遭到破坏,满足于表面的强大,凭借膨胀起来的军事力量,进行争霸战争。在战略指导上不懂得争取盟国,孤立和打击主要敌人,对中原诸国不分大小主次,依次进攻,多方树敌,陷自己于孤立。在内政上不注意发展生产,反而大兴土木,修筑宫室,奢侈游乐,弄得兵疲财尽,民不聊生。终于导致笠泽之败,姑苏坐困,身亡国灭。

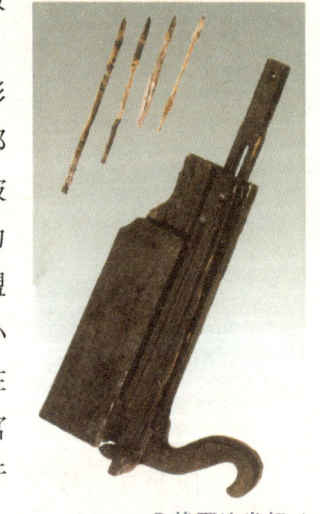
「战国连发弩」

秦楚鄢郢之战

> 鄢郢之战是指公元前279—前278年,秦国名将白起率军深入楚国腹地,攻下楚国鄢(今湖北宜城东南)、郢(今湖北江陵西北),重创楚军主力的大规模作战。

(一)战争背景

楚国自春秋以来一直是南方大国。战国初年,楚在同三晋的战争中接连失利。楚悼王时为求富国强兵,任用吴起开始变法改革。当时楚国贵族势力强盛,吴起的变法即从剥夺贵族特权利益入手。他宣布封君子孙传三世者即收其爵禄,废除对疏远公族的优待,将一部分旧贵族迁徙到边远地区从事开发。裁撤无用、不急之官,削减过高的官吏俸禄,把节约下来的经费用来训练战士。整顿吏治,用人唯贤,禁止私门请托。吴起变法在打击贵族势力、富国强兵方面取得了一定的成效,但也遇到了来自贵族的强大阻力。公元前381年,楚悼王去世,楚国旧贵族乘机作乱,围攻吴起,吴起逃避在楚悼王的尸体旁,贵族用乱箭射杀吴起,同时射中了悼王的尸体。肃王即位,以伤害王尸的罪名惩罚作乱者,夷灭宗族者七十余家,贵族势力受到了一定的削弱。但楚国的变法运动也因此受挫,未能持续深入地开展下去。此后,楚国虽有富国大国之名,其实国力空虚,虽然士兵众多,但战斗力并不强,不敢恋战。因此,在秦、楚战争中,楚国一直处于被动挨打的地位。

秦国位处西方,秦穆公时代方参与中原争霸,成为仅次于晋国、楚国、齐国的二等强国。秦孝公时任用商鞅,实行彻底的变法,促使秦国走上富国强兵的道路,对外战争节节胜利。秦惠文王时,秦国大规模进攻楚国。公元前312年,秦、楚两军在丹阳(今河南省陕县西丹水以北地区)展开大战,秦大败楚军,俘虏楚将屈匄以下列侯及执珪七十余人,斩首8万,并乘胜攻取了楚国的汉中。丹阳之败,使楚怀王更加愤怒,再次征发大军反攻秦国。秦、楚两军在蓝田（今湖北钟祥县西北）举行大规模会战，楚又败于秦军。韩、魏两国联军也乘楚军之败南下攻楚，直攻到邓（今湖北省襄阳市北）。秦攻占了楚国的汉中以后，造成了关中与巴蜀联成一片的形势，国势更加强大。

秦昭襄王为专力进攻楚国，转而对韩、魏采取和平策略。公元前302年，秦昭襄王在临晋（今陕西大荔县）会见韩、魏之君，并归还了所占魏国的蒲阪，结好韩、魏。次年，即派庶长奂会同韩、魏联军大举攻楚，在重丘（今河南新野县东）大败楚军，斩首2万，杀其将唐眛。公元前300年，秦派华阳君再次攻楚，杀楚将景缺，斩首3万。次年，秦又诱骗楚怀王入秦，并予以扣留。怀王被囚以后，客死秦国。楚国立太子横，是顷襄王。楚在秦的一再打击下，国力日益削弱。

公元前280年，秦利用韩魏在伊阙战后国力尚未恢复，齐国正遭受燕国进攻，赵在秦将白起打击下，连失数城，仅能自保的大好时机，发动了大规模的破楚入郢战役。秦兵分三路大举进击楚国：一路由秦将司马错率陇西之兵由蜀地攻克楚的黔中郡，然后分兵由巴郡东下，出巫峡攻击楚郢都西部地区；另派一路由武关东下，攻击楚国的汉北及上庸（今湖北竹山县），进入桐柏山；第三路派大良造白起率军大举攻楚。

(二)战争经过

1. 占领鄢城

公元前279年，秦昭襄王与赵惠文王在渑池（今河南渑池西）会盟，息兵言和，解除后顾之忧。尔后，派大将白起率军大举攻楚。楚国政治腐败，国势日衰，又有一部兵力随庄蹻远征入滇，守备薄弱。白起分析了两军形势后，决定采取直捣楚国统治中心地区的战略方针。

公元前279年，白起率军数万沿汉江东下，攻取沿岸重镇，掠取汉水

「白起」

春秋战国时期的战争

流域丰饶的粮草补给军需，出敌不意突入楚境。白起还命令秦国的军队在过河之后拆除桥梁，烧毁船只，自断归路，以此表示决一死战的信心。而楚军因在本土作战有后顾之忧，将士只关心自己的家庭，没有斗志，无法抵挡秦国精锐士卒的猛攻，节节败退。

秦国军队在白起带领下长驱直入，迅速攻打并占领了楚国在汉水流域的要地邓（今湖北襄阳北），一直到达楚国的别都鄢（今宜城东南）。鄢是楚的别都，地理位置十分重要。鄢失则郢危。楚为护卫都城，早已集结重兵在鄢城，企图阻止秦军南下进攻郢。

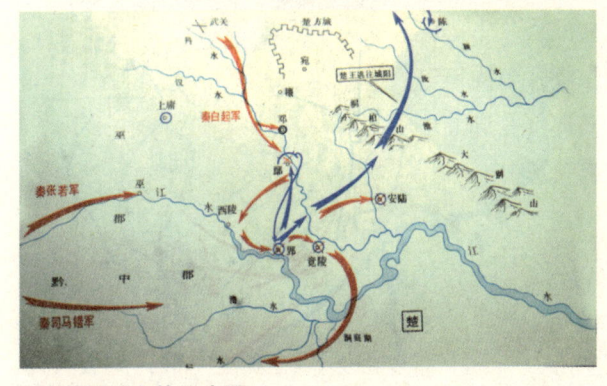
「秦楚鄢郢之战示意图」

秦军在鄢城遭到进入楚境以来最顽强的抵抗，屡攻不克，而秦国军队孤军深入，不宜持久，于是改为水攻。秦军利用夷水从楚西山长谷出而流向东南的有利条件，在鄢城西边百里处筑堤蓄水，并修长渠直达鄢城，然后开渠灌城，水入城为深渊，鄢城的东北角经河水浸泡溃破，城中军民被淹死数十万，到处漂浮尸体。秦军于是占领了鄢城。

2. 攻陷郢都

鄢城之战后，楚国军队遭受重大挫折，然而，楚国顷襄王并未接受教训，在政治、军事领域采取重大措施，以改变楚国的被动局面。仍然因循敷衍，坐以待毙。所以当秦、赵渑池会盟后的第二年（公元前278年），白起率领大军再度攻打楚国时，楚国军队虽然集中主力应战，仍受到歼灭性的沉重打击，秦国军队则乘胜占领了楚国首都郢城。这是楚国历史上第二次首都沦陷。

楚国都城第一次沦陷，发生在公元前506年，孙武、伍子胥等人率领着吴国的大军攻下了楚国的都城郢，当时的楚昭王逃到了随国避难。为了复国，楚国人申包胥来到秦国请求帮助，秦国一开始不答应，申包胥就在秦国的城墙外哭了七天七夜，滴水不进。申包胥的义举终于感动了秦国君臣，史称"哭秦庭"。秦哀公发战车五百乘，遣大夫子满、子虎救楚，楚国得以复国。

楚国都城第二次沦陷后，再也没有国家能够帮助楚国复国了。楚国的士兵四处逃散，无法召集起来再战。楚国顷襄王被迫东逃，迁都到东北方向淮河岸边的陈（今河南淮阳），以避开秦军的锋芒。秦国军队占领楚国都城郢后，又派兵攻占夷陵（今湖北省宜昌市夷陵区），烧毁楚先王陵墓以示威。秦在郢地设置南郡（今湖北中部地区，治郢），并委任官吏治理。

「申包胥哭庭借兵」

（三）战例评析

鄢郢之战，秦国大获全胜。此战，秦国占领了楚国洞庭湖周围的水泽地带、长江以南以及北到安陆（今湖北省安陆县、云梦县一带）的大片土地，并在此设立南郡，白起因战功卓著被秦昭王封为武安君。

在战争中，秦将白起选择最佳出兵时机和进军路线，取得攻楚的战略主动。秦军孤军客战楚境，期于死地求生，乘楚王城池不修，边备废弛之机，采取掏心战术攻入楚国，并采用了决水攻城的战术攻克楚国别都鄢城，然后沿汉江东下深入楚境，攻陷楚国国都郢，取得最后的胜利。攻鄢郢之战，显示出白起非凡的胆略和精明的作战指导。

秦国的胜利，进一步打击和消弱了楚国的实力，从此，楚国更加衰弱。

魏晋隋唐时期的战争

东汉末年,豪杰并起,曹操、袁绍、孙坚父子与刘备等人实力雄厚。为争夺势力范围,进而统一天下,在长江流域爆发了赤壁之战、夷陵之战。

之后西晋、隋朝、唐朝,在建国之初,进行了统一战争,发生在长江流域的统一战争分别是晋灭吴之战、隋灭陈之战、唐灭萧铣之战。

魏蜀吴赤壁之战

二龙争战决雌雄，赤壁楼船扫地空。

烈火张天照云海，周瑜于此破曹公。

这是唐朝诗人李白《赤壁歌送别》中的前四句诗，描述了赤壁之战的盛况。经过这次战役，曹操雄心受挫，力量削弱，无力再次率军南下，完成统一大业；孙权保住了江东，在江南的地位得到进一步巩固；刘备占有了荆州四郡，有了立足之地，紧接着，又取得了益州，从而形成了天下三分的局面。

> 赤壁之战是曹操和孙权、刘备在今湖北江陵与汉口间的长江沿岸进行的一场战略会战。处于劣势的孙、刘联军，正确分析形势，找出处于优势地位的曹军弱点和不利因素，采取密切协同、以长击短、以火佐攻、乘胜追击的作战方针，打败了强大的曹军，使曹操"横槊赋诗"，并吞寰宇的雄心就此付诸东流，对于三国鼎立局面的形成具有决定性的意义。

（一）战前背景

公元200年，曹操在官渡之战中击败袁绍，基本统一了北方。

曹操为了统一天下，夺取全国政权，早在争夺中原的过程中，就有吞并南方的孙权和刘表的意图。公元207年冬，北方战争基本结束后，他便积极从事南下江南战争准备：在邺城（今河北临漳县西南）修建玄武池训练水军，并派人到凉州（今甘肃）拉拢马腾及其子马超，分别授以卫尉和偏将军之职，以

「曹操」

避免南下进军时,侧后受到威胁。一切准备就绪后,曹操便率领大军,浩浩荡荡向南方进军,以期统一天下。

当时,南方的主要割据势力有两个:一是立国三世的东吴孙权政权,他据有扬州六郡。在军事上,孙权拥有精兵数万,有周瑜、程普、黄盖等著名将领,内部团结,加上据有长江天险,因而使他成为曹操吞并天下的主要障碍。另一个主要割据势力是荆州的刘表。刘表基本上采取维持现状的政策,且年老多病,处事懦弱。刘表的两个儿子刘琦和刘琮又因争夺继承权而闹得不可开交,所以政权并不稳固。

至于刘备,在当时还没有自己固定的地盘。他原来依附袁绍,官渡之战后投奔刘表。刘表让他屯兵新野、樊城一带,为自己据守阻止曹军南下的门户。但刘备素号"枭雄",志在匡扶汉室,于是就趁着这一机会扩充军队、网罗人才。此时的刘备拥有诸葛亮、关羽、张飞、赵云等谋士猛将,是曹操吞并天下的又一重要对手。

(二)战争经过

1. 曹操袭占荆州

公元 208 年 7 月,曹操率军南下,第一个战略目标就是占领荆州。占有荆州,就取得了进军江南的有利地位。就在战争一触即发的紧要关头,刘表于 8 月病故。接替刘表的是次子刘琮,刘琮被曹操大军的兵威吓破了胆,未做任何抵抗,就将荆州拱手让出。曹操兵不血刃,实现了占领荆州的目标。

刘备在樊城得知刘琮投降的消息后,急忙率领所部向军事重镇江陵(今湖北江陵)退却,并命关羽率水军经汉水到江陵会合。但是刘备带着 10 万难民和大批辎重,行军速度十分缓慢,每天行程只有十余里。江陵是荆州的军事重镇,刘表在那里储存了不少军用物资。曹操惧怕江陵被刘备所得,便亲率轻骑 5000 急追,一昼夜行进三百余里。在当阳长坂坡(今湖北当阳东北)追上刘备,大获其人众、辎重。刘备仅同诸葛亮、张飞、赵云等几十骑改向汉水方向败逃,后进驻鄂县之樊口(今湖北鄂城西北)。曹操继续南下,占领江陵。

曹操占领江陵后,获得刘表的降兵、降将八万余人,战船千艘及大批物资，实力大增。在强敌压境、存亡未卜的危急关头，孙权和刘备两股势力为了避免彻底覆灭的共同命运，终于结成了联合抗曹的军事联盟。

2. 孙、刘联合抗曹

早在曹操进兵荆州以前，东吴就曾打算夺占荆州与曹操对峙。刘表病死后，东吴即派鲁肃以吊丧为名去荆州侦查敌情。鲁肃到江陵时，刘琮已投降曹操，刘备正向南撤退。鲁肃当机立断，即在当阳的长坂坡会见刘备，说明孙权打算联合刘备抗击曹操的意图。这正合诸葛亮"外结好孙权"的主张，刘备便欣然

「孙权画像」

接受了这个建议，并派诸葛亮随同鲁肃前去会见孙权。当时孙权虽不愿意受制于曹操，但对刘备的力量有怀疑，对曹操的声势有顾虑。诸葛亮为了打消孙权的怀疑和顾虑，坚定其抗曹决心，便向孙权分析了当时形势。指出：刘备虽然在长坂坡战败，但是尚拥有水陆两万余众的实力。曹操兵力虽多，但是经过长途跋涉，连续作战，非常疲惫，已是强弩之末。何况曹军多是北方人，不习水战；荆州军民又不是真心归附曹操。在这种形势下，如果孙刘联合，同心协力，一定可以击破曹军，造就三分天下的局面。孙权对他的这番精辟分析深表赞同。

当时，东吴内部长史张昭等人为曹操声势所吓倒，主张迎降。而鲁肃和周瑜坚决反对投降。周瑜认为：曹操虽统一北方，但尚未巩固，关西的马超、韩遂是他的后患；放弃骑兵，来同吴进行水上较量，是舍长就短；加上时值初冬，马乏饲料，北方部队远来江南，不习水土，必生疾病。这些都是用兵之大忌，曹操贸然东下，失败不可避免。

「周瑜」

魏晋隋唐时期的战争

同时,周瑜向孙权具体分析曹军兵力,指出曹操的中原部队只有十五六万,并且十分疲惫;荆州的降兵最多不过七八万人,而且心存恐惧,斗志低落。这样的军队,人数虽多,但并不可惧,只要动用精兵五万,就足以打败它。周瑜的分析,更加坚定了孙权抗曹的决心。于是孙权拨精兵三万,任命周瑜、程普为左右督,鲁肃为赞军校尉,率军与刘备会师,共同抗击曹军。

3. 赤壁决战

公元 208 年 10 月,周瑜率兵沿江西上,到樊口与刘备的两万军队会合后继续前进,同曹军先头部队在赤壁(今湖北赤壁市)相遇。这时曹操军中疾病流行,战斗力受到影响。初次交锋,曹军战败,退回江北,屯兵乌林(今湖北洪湖市东北乌林矶),与孙、刘联军隔江对峙,准备鏖战赤壁。

当时曹操军队中大部分是北方人,不习惯水上的风浪颠簸,便将战船用铁环首尾连接起来。周瑜部将黄盖针对敌强我弱、不易持久及曹军士气低落、战船连接的实际情况,建议采取火攻,奇袭曹军战船。周瑜接受这一建议,制定了"以火佐攻",因乱而击之的作战方略。

周瑜利用曹操骄傲轻敌的弱点,先让黄盖写信向曹操诈降,并与曹操事先约定投降时间。曹操不知是诈,欣然同意。决战那天,黄盖率蒙冲、斗舰十艘,满载干草,灌以油脂,外面用布幕围裹,上面插着旌旗,并另备快船系于大船之后,以便放火后换乘。当时,江上正刮着猛烈的东南风,战船航行很快,迅速向曹军阵地接近。曹军官兵见江上船来,都以为这是黄盖如约前来投降,皆延颈观望,毫无戒备。

黄盖在距离曹军约二里地处,下令各船同时点火,一时间火烈风猛,船往如箭,直冲曹军战船。而曹军船只首尾连接,分散不开,移动不得,顿时都烧了起来,烈火蔓延到岸上的营寨。曹军将士被这突如其来的大火烧得惊慌失措、鬼哭狼嚎、溃不成军,烧死、溺死的不计其数。在长江

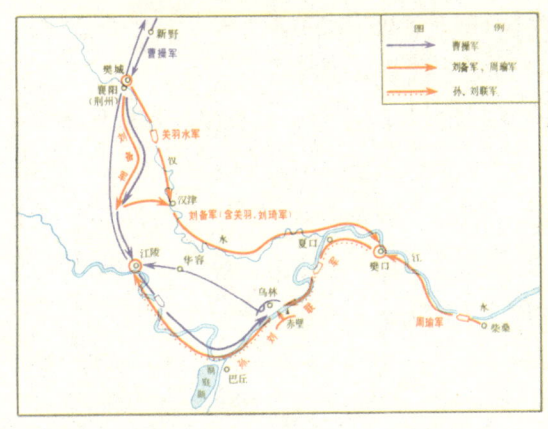

「赤壁战场示意图」

南岸的孙、刘联军主力船队乘机擂鼓前进,横渡长江,大败曹军。曹操被迫率军由陆路经华容(今湖北监利县北)向江陵方向仓皇撤退,行至云梦(今湖北洪湖一带)大泽中,曾一度迷失道路,又遇上大风暴雨,道路泥泞不堪,以草垫路,才使骑兵得以通过。一路上,人马自相践踏,死伤很多。刘备、周瑜水陆并进,向南郡(郡治在今湖北江陵县)方向追击。曹军通过华容道后,才脱离险境,到达江陵,伤亡散失已大半(约三分之二)。曹操令曹仁、徐晃守江陵,乐进守襄阳,自率余部北返邺城。这场赤壁之战以孙权、刘备方面大获全胜而宣告结束。

(三)战例评析

赤壁之战是中国历史上以少胜多的著名战例。在赤壁之战中,孙权与刘备联合作战,取得胜利的原因主要有以下四个方面:

第一,面对强敌,冷静分析形势。在曹军面前,孙权、刘备处于劣势,但诸葛亮、周瑜冷静分析情况,既看到曹军优势中的劣势,也从自己的劣势中,看到了军队精锐、善于水战等长处。

第二,联合抗曹方针的实施。由于孙、刘的联合,刘备屯军樊口,牵制曹军顺江东下,为东吴赢得了备战的时间。而吴军主力迅速到樊口,才使刘备军免遭彻底失败。

第三,主动迎敌,先机制敌。水上作战,是吴军所长,曹军所短。曹军一旦占领樊口,便可以利用樊口达成水陆同时用兵,分进合击孙权局面。因此,孙权乘战略要地樊口尚在刘备手中,迫使曹军于江上作战。先机制敌,从而在被动中取得了主动,掌握了战场的主动权。

第四,以长击短,出其不意。孙、刘联军拥有擅长江河作战的水军,利用长江以发挥其所长,对于远来疲惫、不善水战的曹军,是一个以长击短的制敌条件。当在赤壁形成对峙之后,周瑜等又能及时抓住曹军战船首尾相接、水陆兵力密集的错误,出其不意地采用火攻,然后乘敌溃乱,迅速投入主力实施有力的打击,因而击败曹军。

吴蜀夷陵之战

> 夷陵之战,又称彝陵之战、猇亭之战。孙权背弃了孙刘联盟,夺取了荆州,擒杀了关羽,这对刘备是一个沉重的打击。荆州丧失,《隆中对》中所拟定的两路出师,北定中原的战略方针就难以实现。章武元年(公元221年),刘备在称帝不久,便率大军东下,决意用武力夺回荆州。夷陵之战爆发。

(一)战前背景

公元221年,刘备在成都称帝,国号汉,史称蜀汉,年号为章武,以诸葛亮为丞相。刘备称帝一个月后,便积极准备大举攻吴,夺回荆州。

当时赵云、诸葛亮、黄权等群臣都不同意攻吴,但刘备因愠用兵,急于为关羽报仇而不听。孙权夺占荆州后,为了巩固荆州,两次遣使向刘备求和,都遭到刘备拒绝。在刘备即将出兵之前,派车骑将军张飞率兵万人,从阆中至于江州(州治在今重庆),与刘备会师。但遗憾的是张飞在出发之前,因鞭打部下,激怒部下,被部下张达、范强所杀。

江陵战后,吴、蜀的边界已西移到巫山附近,长江三峡是吴、蜀之间的主要通道。刘备为了夺取峡口,保障军队顺流东下,于公元221年7月,派将军吴班、冯习率兵4万,击破李异、刘阿等部吴军,占领了秭归,获得了有利的进攻出发地。刘备自率主力军8万人,打算沿江而下,大举伐吴,留赵云在江州为后军督,策应主力的行动。

蜀军占领秭归、巫县(今重庆巫山县北),吴、蜀关系公开破裂,战争序幕就此拉开。孙权在面临蜀军战略进攻的情况下,奋起应战。他任

「刘备」

命右护军、镇西将军陆逊为大都督，统率5万大军开赴前线，抵御蜀军；同时又遣使向曹丕称臣修好，避免两线作战，以便集中力量防御刘备的进攻。

(二)战争经过

1. 陆逊的战略退却

公元222年正月，蜀国将军吴班、陈式的水军进入夷陵地区，屯兵长江两岸。2月，刘备命黄权为镇北将军，督江北诸军以防魏军袭击侧翼。又派侍中马良至武陵，争取当地"蛮族"首领沙摩柯北上协助蜀军。同时，派前锋张南率军直攻夷道（今湖北宜都，在长江南岸）。刘备见各路军进展顺利，也自秭归渡江东下，沿途设立营寨数十屯，直达猇亭（今湖北宜昌东南古老背，在长江北岸），并在此建立了大本营。

「蜀汉铜弩机」

陆逊上任后，通过对双方兵力、士气以及地形诸条件的仔细分析，认为刘备兵势强大，居高守险，锐气正盛，求胜心切，吴军应暂时避开蜀军的锋芒，再伺机破敌。并耐心说服吴军诸将放弃立即决战的要求，果断地实施战略退却。同时，针对蜀军的部署，令孙权族弟安东将军孙桓阻击蜀军前锋于夷道。主力一直后撤到夷道（今湖北宜都）、猇亭（今湖北宜都北古老背）一线，进行防御。这样，吴军完全退出了高山峻岭地带，把兵力难以展开的数百里长的山地留给了蜀军。

2. 两军相持

从公元222年3月开始，陆逊坚壁不战，双方转入以阵地战为主的相持阶段。蜀军出兵以来，节节推进，占据上流，居高临下，处于主动和优势地位，士气旺盛；但是驻在山林地，兵力无法展开，

「陆逊画像」

魏晋隋唐时期的战争

部队疲劳,后方运输线不但延长,而且侧后处于魏国威胁之下,优势地位开始削弱。吴军让出三峡后,后勤运输大为改善,在平地扎营有利于养精蓄锐,为反攻创造条件。

刘备为了迅速同吴军进行决战,频繁派人到阵前辱骂挑战,但是陆逊均不予理睬。后来刘备又派遣水军将领吴班弃船上岸,率数千人在平地建立军营,向吴军挑战。陆逊以为刘备必定有诈,仍坚持按兵不动。刘备知道诱敌之计行不通,便将埋伏在山谷中的8000人马撤出。

陆逊坚守不战,破坏了刘备恃优势兵力企求速战速决的计划。

「陆逊营烧七百里」

3. 陆逊的反攻

蜀军远征,欲战不能,且营地分散,供应困难,士气越来越低落。蜀军和吴军相持了已达半年。这年闰6月,时值盛夏,暑气逼人,刘备将水军移至陆上,在山林中扎营。陆逊见时机成熟,遂决定由防御转入进攻。

在反攻前,陆逊为了最后搞清蜀营情况,先派人马进行试探性进攻,史载"蜀先主伐吴,吴将陆逊拒之于夷陵,先攻一营不利。诸将曰:'空杀兵耳。'逊曰:'吾已晓破敌之术矣。'"(《十一家注孙子·火攻篇》)陆逊如何知晓破敌之术呢?因为在这次试探性进攻中,陆逊从逃回来的士卒中了解到蜀军营寨都是木栅栏筑成的,周围也都是树木茅草,于是决定火攻。命战士每人持茅草一把,接近敌营后一起放火焚烧敌营。蜀军突遭火攻,一时大乱,陆逊乘势发动进攻,"斩张南、冯习及胡王沙摩柯等首,破其四十余营。汉将杜路、刘宁等穷逼请降。"(《资治通鉴》卷六十九《魏纪一》)

刘备见全线崩溃,逃往夷陵西北马鞍山,命蜀军环山据险自卫。陆逊集中兵力,四面围攻,蜀军土

「火兵」

崩瓦解，战死数万人。刘备只带着少数人马乘夜突出重围逃走，行至石门山（今湖北巴东东北），被吴将孙桓部追逼，几乎被擒，后依靠焚烧遗弃的装备，堵塞山道，才得以摆脱追兵，退回永安（即白帝城，今重庆奉节东）。赵云率军由江州到达永安，阻止吴军西进。

「白帝城」

刘备逃到永安后，吴将徐盛、潘璋等人都主张乘胜追击蜀军，扩大战果。但此时刘备收拢散兵以及赵云的后军来援，永安驻军接近两万，陆逊已经失去攻克永安的机会。再加上他顾忌曹魏乘机袭击后方，遂停止追击，决定撤兵。9月，曹魏果然攻吴，但因陆逊早有准备，魏军无功而返。次年4月，刘备恼羞于夷陵惨败，一病不起，亡故于永安。

（三）战例评析

夷陵之战，是群雄混战和三国形成阶段中具有决定意义的一次大战。吴国的取胜，首先在于国力强盛，吴国在夺占荆州之后，扩大了占领区，完全控制长江中下游，人力物力比蜀汉雄厚，且在自己区域内作战，可就近补充。其次，外交上孙权争取了曹魏的暂时中立，从而避免了两面作战。再次，战术上陆逊采取先让一步、后发制人的作战方针，实行大胆的战略退却，扼守峡口要点，迫使对方优势的兵力难以展开，掌握了战争的主动权，待蜀军师老兵疲，然后进行决战，以火攻破敌，歼灭蜀军数万，彻底粉碎了蜀军的进攻。

至于刘备的失败，也不是偶然的。刘备骄傲轻敌，报仇心切，以怒兴师，恃强冒进，听不进臣下许多合理的建议，轻率拒绝孙权屡次求和。同时不考虑蜀国初立，人力、物力不足，江陵战后，

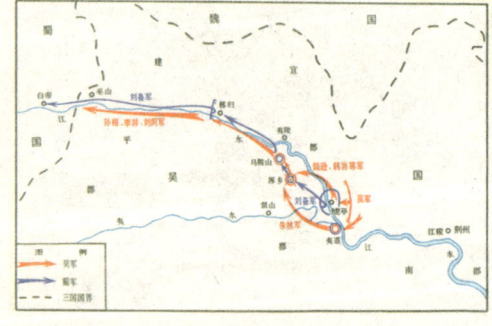
「夷陵之战陆逊反攻示意图」

损兵数万，丧失要地荆州，被封闭于长江峡口以西的不利情况。在具体作战指导上，他又不察地利，把营寨设置于秭归到夷陵数百里内沿线，分散了兵力；后又命水军舍舟登陆，于山林中扎营，这些都为陆逊用火攻创造了条件。可见，刘备在战略和战术指挥上，均有失误之处。

晋灭吴之战

> 王濬楼船下益州，金陵王气黯然收。
> 千寻铁锁沈江底，一片降幡出石头。

这是唐朝诗人刘禹锡的《西塞山怀古》中的诗句。太康元年（公元280年），晋武帝司马炎命王濬率领以高大的战船"楼船"组成的西晋水军，顺江而下，讨伐东吴。东吴的亡国之君孙皓，凭借长江天险，并在江中暗置铁锥，再加以千寻铁链横锁江面，自以为是万全之计，谁知王濬用大筏数十，冲走铁锥，以火炬烧毁铁链，结果顺流鼓棹，径造三山，直取金陵，吴主孙皓到营门投降。诗文正是形象地概括了西晋灭吴这一段历史。

（一）战前背景

公元263年司马昭灭蜀，使司马氏势力进一步加强。公元265年8月，司马昭病死，子司马炎嗣相国、晋王位，同年12月，司马炎废魏元帝曹奂，自立皇帝，改国号为晋。

晋当时控制着全国大部州府，仅剩荆、扬、交三州的全部或部分，尚为吴国所占据。司马氏灭蜀后虽有灭吴的打算，但因将士疲劳，水师不足，取代魏后内部尚需稳定，灭吴之举暂停。司马氏转而采取措施整顿内部，如任用贤能，废除苛法，减免赋役，劝课农桑，兴修水利，以此缓和社会矛盾，恢复经济，加强实力基础。司马氏还特意厚待归降的蜀国君臣，如司马昭封刘禅为安乐公，禅子孙及群臣封侯者五十余人，司马炎对诸葛亮等名臣子孙继续量才任用。司马氏对蜀汉采取的这些政策，目的就是巩固他在巴蜀的统治，又示意东吴，收买吴国人心，为灭吴作准备。晋代魏后，晋帝司马炎又遣使与吴讲和，作缓兵之计。但与此同时，司马炎抓紧时间，开始作进攻吴国的军事准备。

公元269年2月，司马炎认为自己的帝位已经巩固，于是开始大举进行战前的准备和部署：令羊祜都督荆州诸军事，镇守襄阳（今湖北襄樊）；卫瓘都督青州诸军事，镇守临菑（今山东淄博市临淄区北）；司马伷都督徐州诸军事，镇守下邳（今江苏邳州西南），以这些地区作为进军的基地。羊祜在襄阳的准备是比较充分的，他在运用分化瓦解政策的同时，整治装备，训练士卒，垦田种地，储备军需。他减少一半巡逻的士兵，实行亦兵亦农的政策，大获其利，军内的粮食已有十年的积蓄。

「楼船」

公元272年，司马炎以王濬为益州刺史，密令他制造大船，训练水军，以便攻吴时顺流而下。王濬遂着手造连舫大船，方一百二十步，每艘可装载两千余人。大船周边以木栅为城，修城楼望台，有四道门出入，船上可以来往驰马。又在船头画上益鸟首怪兽，以恐吓江神，船舰规模之大，数量之多，自古未有。一支强大的水军在长江上游逐渐建立起来了。

正当晋朝国力日盛，积极准备伐吴的时候，江东的孙吴却是每况愈下。公元264年，孙权之孙孙皓被迎立为帝。可是孙皓十分暴虐，致吴国政局更加动荡不安，人民揭竿而起，朝臣离心离德。孙皓对西晋的威胁，毫无戒心，有时也派兵攻晋，但多因草率而无功。他迷信长江天险可保平安，从未认真在战备上下功夫。名将陆抗觉察到晋有灭吴的意图，多次上疏要求加强备战，他还预见到晋兵会从长江上游顺流而下，特别要求加强建平（今湖北秭归）、西陵（今湖北宜昌东南、西陵峡口）的兵力。王濬在巴蜀造船，大量碎木顺江而下，建平太守吾彦见后，知晋将发兵顺流而下，于是请求增加建平的守备。孙皓对陆抗、吾彦的建议和警告，一概不予重视。陆抗也在忧虑中死去。吴国的衰落，孙皓的昏庸，为晋的顺利灭吴，提供了难得的机会。

公元279年8月，王濬、杜预上书司马炎请求举兵灭吴，司马炎即于这年11月开始了着手部署平吴。他采用羊祜生前所拟制的进攻计划，分六路出兵。晋的六路大军齐发，总的作战意图是：以司马伷、王浑两军直逼建业，牵制吴军主力，使其不能增援上游；以王戎、胡奋、杜预三军夺取夏口以西各战略要点，以策应王濬所率的七万水陆大军顺江而下；然后由王濬、司马伷、王浑军南下东进，夺取建业。

(二)战争经过

1. 长江上游的作战

公元279年12月，王濬、唐彬率军7万人，沿江而下，过瞿塘峡、巫峡，进至秭归附近。次年2月1日，击破丹阳城（今湖北秭归东）的吴军。然后顺流而下，进入西陵峡。吴军在这里设置拦江铁锁，又作铁锥暗置于江中，以为凭此即可阻挡晋军前进，竟不派兵防守。王濬早预有准备，作大筏数十个，缚草为人，立于筏上，派水性好的士卒以筏先行，筏遇铁锥，因水流冲激，

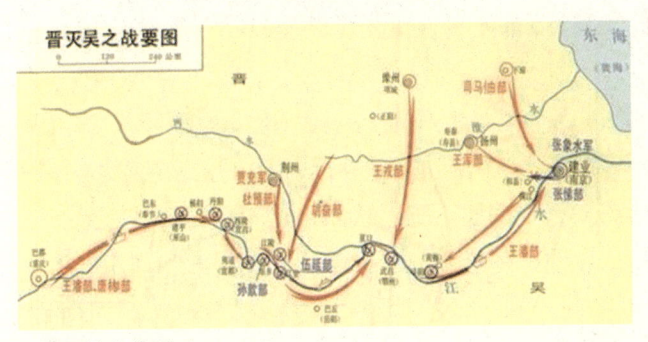

「晋灭吴之战图」

将铁锥带出随筏而去。王濬又作大火炬，置于船前，遇铁锁即以火炬烧熔之。这样，晋水军顺利排除了障碍，一路势如破竹，攻克西陵、荆门（今湖北宜都西北）、夷道（今湖北宜都），继而进逼乐乡（今湖北松滋东北，长江南岸）。

与此同时，杜预率领的晋军，几乎兵不血刃，夺取了江陵，胡奋攻克了江安（今湖北公安西北）。晋军所到之处，大多不战而胜。

2月18日，司马炎进一步调整了部署：命王濬都督益、梁诸军，要他和唐彬率军继续东下，扫除巴丘（今湖南岳阳），与胡奋、王戎共平夏口、武昌，然后顺流直下，直逼建康。同时命杜预南下，镇抚零陵（今湖南零陵）、桂阳（今湖南郴州）、衡阳（今湖南湘潭西）诸郡。于是王濬依照晋武帝之命，即克夏口，与王戎联军夺取武昌，随后顺舟东下，所在皆被平定。至此，晋军主力已完全控制了长江上游地区。

2. 长江下游的作战

公元280年1月，安东将军王浑所统率的十多万大军向横江（今安徽和县东南）方向进军，他派参军陈慎等攻寻阳（今湖北武穴东北），并向横江的西面进军；派殄吴将军李纯率军向高望城（今江苏南京浦口西南）进攻吴将俞恭部，在横江之东开辟渡江地域。

2月，吴主孙皓得知晋王浑率大军南下，即命丞相张悌统率丹阳（郡治在今江苏南京）太守沈莹、护军孙震、副军师诸葛靓率兵3万，渡江迎战，以阻止晋军渡江。张悌军行至牛渚（今安徽当涂北采石），沈莹向其分析晋军来犯的形势时说，晋之水军必至采石，宜集中兵力于此一战，若能大败晋水军，即可阻止晋军渡江，保障建康翼侧安全；如若渡过江去与晋军决战，不幸失败，大势必将去矣。但张悌则坚持己见，决心孤注一掷，率军渡江迎击晋军。

3月初，张悌军渡江围攻王浑部将张乔于杨荷（今安徽和县）。张乔兵仅7000人，闭栅请降。副军师诸葛靓认为张乔是伪降，应首先予以歼灭，然后再前进，以保障后路安全。张悌不听，认为杀降不利，安抚之后，仍继续进兵。到版桥（杨荷以北）附近，与晋扬州刺史周浚部相遇，双方列阵相对。吴将孙莹首先率领5000精锐向晋军攻击，三次冲击均未奏效，被晋军斩首二将，不得不退兵。在撤退中，军队混乱，晋将军薛胜、蒋班乘势发起攻击，张乔则在杨荷切断吴军退路，于是，吴军大败，张悌、沈莹、孙震力战而死，仅诸葛靓率残部五六百人突围南归。吴国上下震动，呈土崩瓦解之势。

此时，王浑率军乘胜逼近江岸，其部属何恽建议乘胜渡江，直捣建业。但王浑听到这一建议后则认为晋帝只命他出兵江北，以抗吴军，如果渡过长江，就是违背君命，即使作战获胜，也难以获赏；但若失败，必获重罪。于是，王浑坚持按原诏令，就地等待王濬军的到达，然后再统一节制其军一齐渡江。何恽再次向王浑建议说，将军身为上将，当见机而进，岂有事事等待诏命之理。王浑仍不听从。

琅邪王司马伷进军涂中，令琅邪相刘弘率兵进抵长江，威胁建业吸引守军注意力；同时派长史王恒率诸军渡过长江，直攻建业。王恒军进展顺利，一一击破吴沿江守军，歼灭吴军五六万人，俘获吴督蔡机。

3月14日，王濬率水步军到达牛渚，孙皓派游击将军张象率水军万人抵抗，但吴军此时军心涣散，不战而降。孙皓又凑集2万人，命陶濬率领迎击王濬军。但出发的前夜，官兵就逃散一空，吴国已无兵可守。此时，晋军王浑、王濬、司马伷各部都到达建业附近。孙皓用大臣薛莹、胡冲的计策，分遣使者送降书给王浑、王濬、司马伷求降，企图挑拨离间。按照司马炎原先的规定，这时的王濬应由王浑节度，而王浑屯兵不进，又以共同议事的名义要求王濬也停止进军。但王濬不顾阻拦，于3月15日率领水军将士8万人上岸，在雷鸣般的鼓噪声中进了建业城。孙皓被迫亲自到王濬的军营前投降。至此，吴国灭亡，三国分裂的局面随之结束。

(三)战例评析

> 晋灭吴之战是中国战争史上第一次大规模突破长江天堑的江河进攻战。此役创造了水陆俱进、多路并发、顺流直下的大江河进攻方略，结束了东汉以来数十年的分裂局面，亦为后世用兵长江提供了借鉴。

晋国的取胜，首先在于战争准备周密充分。司马氏建国后，并没有立即攻吴，而是先稳定内部，以巩固其统治，采取一系列措施，发展经济，建设强有力的水军，增强军事力量。其次是运用政治、军事并举的策略。遣使通好，重用降臣，优待蜀国君臣，争取吴国军心民心等一系列措施，瓦解了吴国的军心。再次是作战指导方针正确。如晋国"因顺流之势，水陆并进"的方针的恰当的，晋灭蜀后，建设了一支较强的水军，顺流而下有效地打击了吴在长江中的水军和两岸战略要点，又如晋多路齐发，互相配合，东面牵制，西面主攻，然后合击建业的作战方针也是成功的。

吴国的失败，首先在于政治腐朽，民心丧尽，统治阶级内部离心离德；其次军事上，昏庸的孙皓不采纳陆抗、吾彦的建议，对长江防务从没有全面的计划和部署，吾彦虽在险要之处设置了障碍，却不派兵把手，遂使王濬得以破除障碍，顺流之下，之后张悌不接受沈莹的合理建议，集中兵力阻止进军东下，却率精兵渡长江北攻王浑，结果全军覆没。吴国政治上的腐朽，导致军心涣散，吴国的灭亡，乃是势所必然。

隋灭陈之战

> 猎猎朱旗映彩霞，纷纷白刃入陈家。
> 看看打破东平苑，犹舞庭前玉树花。

这是晚唐诗人汪遵所写的《破陈》，诗歌描写的是公元588年12月至公元589年2月隋文帝杨坚发动的灭陈战争，当韩擒虎的部队到达陈宫时，陈后主和妃嫔还在东平苑饮酒赏乐。作者以隋灭陈战争的历史题材为典故，讽刺了南陈后主陈叔宝贪图逸乐导致国破家亡的昏聩。

(一)战前背景

陈朝传至后主陈叔宝时，仅保有长江以南、西陵峡以东至沿海地区，政治腐朽，赋税繁重，刑法苛暴，人民怨声载道，阶级矛盾非常尖锐。陈王朝企图凭借长江天险阻止隋军南下，但除保有个别江北要点之外，巴蜀及长江以北地区均为隋占有，长江天险已不足为恃。

公元581年，隋文帝杨坚夺取政权后，即有削平四海之志，北定突厥，南下灭陈，实现南北统一之志。在取得北击突厥作战胜利之后，杨坚为实现灭陈目的，便加紧进行战前的谋议和准备。公元588年10月，隋文帝见灭陈时机已经成熟，遂部署进军。设置淮南行省于寿春，以晋王杨广为尚书令；任命晋王杨广、秦王杨俊、清河公杨素为行军元帅，总管韩擒虎、贺若弼等率水陆大军51万，同时从长江上、中、下游分八路攻陈：秦王杨俊率水陆军由襄阳进屯汉口；清河公杨素率舟师出永安东下；荆州刺史刘仁恩出江陵与杨素合兵；晋王杨广出六合；庐州总管韩擒虎出庐

「隋文帝杨坚像」

魏晋隋唐时期的战争

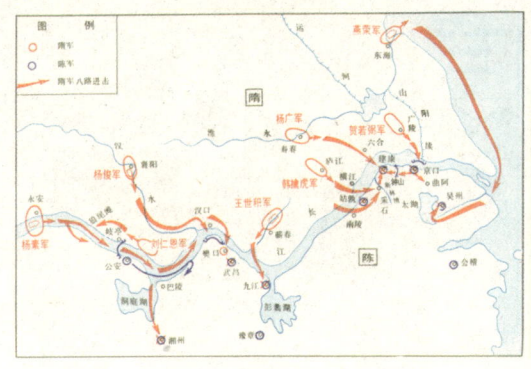

「隋军南下灭陈之战示意图」

江（今安徽合肥）；吴州总管贺若弼出广陵（今江苏扬州）；蕲州刺史王世积率舟师出蕲春，攻九江；青州总管燕荣率舟师出东海（今江苏连云港市），沿海南下，入太湖，进攻吴县（今江苏苏州）。

前三路由秦王杨俊指挥，目标指向武昌，阻止上游陈军向下游机动，以保障下游隋军夺取建康。后五路由晋王杨广指挥，目标指向建康，其中以杨广、韩擒虎、贺若弼三路为主力，命王世积与燕荣为左右翼配合，切断建康与外地联系，保障主力行动。隋军此次渡江正面东起沿海，西至巴蜀，横亘数千里。这是我国历史上一次规模浩大的渡江作战。为了达成渡江作战的突然性，隋在进军之前，扣留陈使，断绝往来，以保军事机密。同时派出大批间谍潜入陈境，进行破坏、扰乱活动。

(二)战争经过

1. 隋军南征

公元588年12月，杨俊督水陆军十余万进屯汉口，并以一部兵力攻占南岸樊口（今湖北鄂州西），以控制长江上游。陈后主闻知隋朝大举来攻，命散骑常侍周罗睺到长江上游荆州一带组织抵御，周罗睺见隋军来势凶猛，遂收缩兵力，防守江夏（治今湖北武汉东南），与鄞州刺史荀法尚部数万，据守江夏，同杨俊军隔岸相持。

隋杨素率水军沿三峡东下，至流头滩（今湖北宜昌西北），陈将戚昕利用狼尾滩（今湖北宜昌西北）险

「斗舰」

峻地势，率水军据险固守。杨素利用夜暗不易被陈军窥察之机，率战船数千艘顺流东下，遣王长袭率步兵、刘仁恩率骑兵沿长江南北两岸夹江而进，袭占狼尾滩，戚欣兵败逃走，陈军守兵全部被俘。

陈将吕忠肃据守岐亭（今湖北宜昌西北之西陵峡口），在北岸岩石上凿孔，系三条铁锁横截江面，阻

「走舸」

遏隋军战船。杨素、刘仁恩率领一部登陆，配合水军进攻北岸陈军，经过四十余战，终于在次年正月击破陈军，毁掉铁锁，使战船得以顺利通过。这时，防守公安的荆州（州治在今湖北公安县）刺史陈慧纪见形势不利，烧掉物资，率军3万、战船千余艘，顺流东撤，援救建康，但被杨俊军阻于汉口以西。周罗睺、陈慧纪军也被牵制于江夏及汉口以西，无法东援建康。

2. 飞渡长江

隋军进攻的消息传到建康，陈守军多次上报，均被权臣施文庆、沈客卿扣压，使得建康城毫无防备。隋军进至长江北岸时，施文庆又以元会（春节）将至，拒绝出兵加强京口（今江苏镇江）、采石（今安徽马鞍山市西南）等地军备，使陈朝下游江防处于十分空虚无备的状态。

公元589年正月初一，长江下游隋军乘陈欢度元会之际，分路渡江。贺若弼军出广陵南渡进攻京口，韩擒虎军出庐江由横江口（今安徽和县东南）夜渡长江，袭占采石（今安徽马鞍山市西南），晋王杨广军出六合进屯桃叶山（今江苏六合东南）。

当长江下游各路隋军同时发起进攻之后，消息传到建康，陈叔宝如坐针毡，匆忙召集公卿讨论战守之策，于正月初四，下诏要亲帅陈军拒敌。委派萧摩诃等率军迎战，令施文庆为大监军。陈叔宝、施文庆不谙军事，将大军集结于都城，只派樊猛率水军出白下（今江苏南京城北），防御六合方面隋军；派皋文奏率部镇守南豫州之姑熟（今安徽当涂），阻击采石韩擒虎军的进攻。

「陈叔宝像」

隋军突破长江防线后,进展迅速。初六,贺若弼军攻占京口(今江苏镇江),随后以一部进至曲阿(今江苏丹阳市),以阻挡三吴地区(今江苏太湖以东、以南和浙江绍兴等)陈军增援,自率主力西进。韩擒虎军于初七攻占姑熟,沿江东进,皋文奏军败退建康。

正月初七,贺若弼率精锐八千进屯钟山(今南京紫金山)以南的白土岗;韩擒虎和由南陵(今安徽铜陵附近)渡江的杜彦军在新林(今南京西南)会合,共步骑2万人;宇文述军3万进至白下,隋大军继续渡江跟进。至此,隋军先头部队完成了对建康的包围态势。

3. 攻破建康

建康地势虎踞龙盘,向称险要。此时,陈朝屯驻建康附近的部队尚有十余万人,然而陈后主却弃险不守,把全部兵力置于都城内外,致使江防空虚,加之大监军施文庆从中作梗,无法发挥作战能力,这给隋军顺利进占建康造成了有利条件。当隋军即将攻城,建康危在旦夕之时,昏庸无能的陈后主先是一筹莫展,继则在毫无计划准备的情况下,孤注一掷地命令各军出战,在钟山南20里的正面上布成一字长蛇阵,鲁广达率部在白土岗列阵,位于最南方,往北依次为任忠军、樊毅军、孔范军、萧摩诃军。但陈军毫无准备,既未指定诸军统帅,又缺乏背城一战的决心,致各军行动互不协调,首尾进退互不相知。

正月二十日,隋将贺若弼首先发起攻击,他亲自率兵8000人出战陈军鲁广达部,遭到抵抗,损失兵力270人。贺若弼燃物纵烟,掩护撤退,然后集中全力攻击萧摩诃部,萧摩诃为隋军俘获,

「隋五牙战船模型」

任忠与樊毅等人也都弃城逃归建康城内。

在贺若弼获胜的同一天，韩擒虎进军石子岗（今江苏南京雨花台），陈军任忠迎降，引导韩擒虎军从朱雀门直入建康城。陈叔宝及其文武百官慌作一团，纷纷逃匿。隋军搜寻皇宫，俘获了藏在枯井中的陈叔宝，建康的陈军将士纷纷投降。正月二十二日，杨广进入建康，命令陈叔宝以手书招降了长江上游的周罗睺、陈慧纪等部。同时遣兵东下三吴，南进岭南等地，先后击败残存陈军的抵抗。至此，隋文帝杨坚统一全国。

(三)战例评析

> 隋灭陈之战，仅经2月之余，便将立国30多年的陈朝一举灭亡，结束了中国自东晋以来南北长期分裂局面，使中华大地重新统一于中央政权之下，这是隋王朝对中国历史发展做出的重大贡献。

隋文帝杨坚南下灭陈的战争，在客观上符合了当时人民希望统一的愿望，在政治上深得民心。军事上，实施了正确的战争指导，是隋军获得胜利的重要因素。一是确定了先北击突厥、后南下攻陈的战略决策，力避两面作战，以集中兵力打击主要敌人；二是在集思广益、博采众长的基础上，制定了周密可行的战略实施计划，并做好作战的物质准备，督战战船，训练水军，保证了渡江作战的顺利进行；三是军政并举，对陈先以外交等手段，使之麻痹松懈，继之以军事手段武力攻陈；四是集中优势兵力，从长江上、下游两个方向，兵分八路出击，上、下游一起行动，互相呼应，既能歼灭敌人有生力量，又能迅速夺占陈江防要点，为消除隋军的后顾之忧，迅速实现攻占建康，灭亡陈朝铺平了道路。

至于陈朝的失败，其原因是多方面的，陈朝统治集团政治上腐败不堪，军事上麻痹无能，既无战前准备，又无临战决策，在强大而又有充分准备的隋军的集中突然打击下，其结果必然是土崩瓦解，兵败国亡。

唐灭萧铣之战

> 唐平萧铣之战是唐朝武德四年（公元621年），唐高祖李渊命李孝恭、李靖率军攻灭长江中游、江南割据势力萧铣的一次统一战争，是一场著名的江河作战。

（一）战前背景

唐朝建立后，江南地区仍处于群雄割据之中，萧铣就是其中的军阀之一。萧铣原为隋罗县（今湖南汨罗北）令，南朝梁室的后裔。公元617年10月，萧铣乘天下大乱之机，纠集隋朝官吏董景珍、雷世猛等，在巴陵郡（治今湖南岳阳）起兵割据，自称梁王。次年4月，萧铣即帝位，建国号梁。接着，率兵攻取南郡（治今湖北荆州江陵），徙都江陵（今湖北荆州）。不久，又派张绣率兵进军岭南，收降隋将张镇周、王仁寿诸部。钦州（治今广西钦州东北）刺史宁长真以郁林（今广西贵港）、始安（今广西桂林）之地归附，交趾郡（治今越南河内）太守丘和亦举郡投降。于是，东至九江（今属江西），西抵三峡，南达交趾，北临汉水的广大地区，全都归属萧铣，兵力达到四十余万，萧铣成为长江中游实力最强的一支割据势力。

公元619年闰2月14日，隋夷陵郡（治今湖北宜昌）丞许绍率黔安（治今四川彭水）、澧阳（治今湖南澧县东南）等诸郡降唐，李渊诏令许绍为峡州刺史，赐爵安陆公。与此同时，高祖李渊又以左光禄大夫、山南道招慰大使李孝恭为信州（今四川奉节东）总管，督开府将军李靖协助李

「唐高祖李渊」

孝恭，与许绍合兵讨伐萧铣。

(二)战争经过

1. 峡州之战

峡州治所夷陵位于长江北岸，州西有西陵峡，为长江三峡（瞿塘峡、巫峡、西陵峡）重险之一，是江陵西面的重要屏障。为了消除西面威胁，公元619年9月，萧铣派部将杨道生率众从陆路进攻峡州，被许绍击破，杨道生大败而归。接着，又派部将陈普环率水军溯江西上，企图渡过三峡，攻占巴蜀（今陕南、川北、重庆一带），对峡州形成东西夹击之势。许绍闻讯后，遂派其子智仁及部将李弘节率水军追击，将其击败，陈普环被擒。在接连两次进攻峡州均遭失败以后，萧铣遂派兵驻守长江南岸的安蜀城（今湖北宜昌南长江对岸）及荆门城（今湖北枝城西北），扼险与唐军对峙。

这时，唐将李靖亦从金州（今陕西安康）率部经夔州、归州抵达峡州。由于被萧铣大军所阻，久不得进。而萧铣集团内部此时发生了一次重大分裂，萧铣疑忌诸将擅兵恣横，恐不能制，借口罢兵营农，以削夺诸将军权。董景珍之弟不满，谋作乱，事泄被杀。当时，董景珍正驻守长沙，萧铣又派人召其返回江陵。景珍大惧，遂举城降唐。萧铣闻讯，立即派部将张绣率兵南下，将长沙团团围住。景珍打算突围而出，但被部下所杀，张绣遂平长沙。不久，张绣恃功骄横，萧铣又将其处死。以后，萧铣肆无忌惮，大杀将帅，致使叛逃者与日俱增，兵势益弱。

2. 江陵决战

公元621年2月初，唐将李靖向信州总管李孝恭献攻取萧铣10策，李孝恭转奏李渊，得到赞许。遂改信州为夔州，以孝恭为总管，命其大造战舰，练习水战，准备大举进攻萧铣。又特委李靖为行军总管兼摄孝恭府

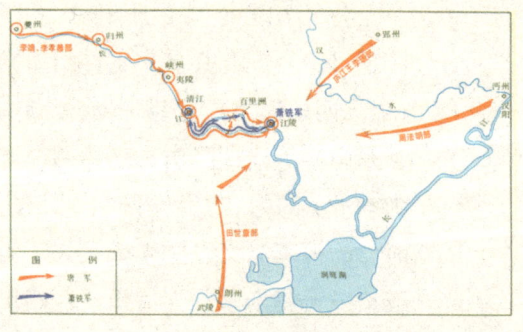

「唐平萧铣江陵之战示意图」

魏晋隋唐时期的战争

长史，负责整个作战事务。李靖建议孝恭悉召巴蜀酋长子弟，量才授任，置之左右，实以为质，以保障后方的安全。

8月，李渊以李孝恭为荆湘道行军总管，李靖摄行军长史，统12总管，发巴蜀之兵，自夔州（今四川奉节东）沿江东下；以庐江王李瑗为荆郢道行军元帅，督军出襄州（今湖北襄樊）；黔州刺史田世康出辰州（今湖南沅陵）；黄州总管周法明出夏口（今湖北汉口），由东西南北四面向江陵进攻，讨伐萧铣。

9月，当李孝恭部队从夔州出发时，正值长江三峡水涨，波涛汹涌，船形险阻，诸将皆请停兵以待水退，李靖却认为：兵贵神速，机不可失，现在刚召集军队，萧铣还不知晓，若乘水涨之势，快速抵达城下，乘其不备，一定能擒住他。孝恭听从李靖的主张，率战舰两千余艘东下，首先攻克荆门（今湖北宜都西北），进至夷陵（今湖北宜昌）。萧铣闻讯，急派部将文士弘率精兵数万屯驻清江（今湖北宜都东清江入长江口）抵抗。10月9日，唐军进至清江城下，文士弘率兵出战，一触即溃，唐军获战船三百余艘，斩杀及溺死者近万人，并乘胜追至百里洲（今湖北枝江东南江中），控制了南江江面，文士弘军进入北江，形成南北相持局面。李孝恭打算立即出兵北攻文士弘，李靖劝阻，李孝恭不从，自率精锐出击，被打败，遂退回南岸，将大量军资器械丢弃在百里洲中。文士弘部众纷纷离船上岸，抢夺唐军辎重。李靖看到文士弘部众大乱，纵兵奋击，大败文士弘军，乘胜追至江陵城下。

此时，萧铣因罢兵营农，仅留宿卫数千人，闻唐军压境，文士弘大败，十分恐惧。但萧铣仍想负隅顽抗，以待援军。李孝恭和李靖乘机指挥唐军攻城，很快就进入外廓，又攻占水城，缴获了大批战舰。李靖建议把这些战舰全部散置江中，诸将大感不解，均表示反对。李靖解释说，萧铣的地盘很大，南至岭表，东距洞庭，而我军孤军深入，独自作战，如江陵未被攻下，援兵四集，我军就会四面受敌，那时进退维谷，虽获船舰，有何用处？现在将这些船舰散置江中，使其顺江而下，萧铣援兵见此，必

［李靖］

谓江陵已破,不敢轻进,往来打探,拖延二三十天,我军必定攻占江陵。众将听命。形势发展果如李靖所料,萧铣援兵看见漂流来的船舰,以为江陵失陷,遂停止不进。

江陵被围,援军不至,萧铣内外隔绝,计无所出。萧铣见援兵无望,10月21日,被迫出城向唐军投降。唐军进入江陵后,严明军纪,禁止杀掠。有人建议李靖抄没萧铣部属家产以赏军,李靖认为荆、鄂新定,宜示宽大,以安众心,皆不籍没。南方州县闻之,均望风归附。萧铣投降后数日,南方援兵先后抵达江陵的有十余万,听说江陵已经陷落,全部缴械投降。

「海鹘船」

(三)战例评析

萧铣从公元617年割据江陵,到公元621年投降,前后历时5年而亡。此战消灭了江南最大的割据势力,为唐朝的统一做出了贡献。入城后,军纪严明,做到了军政全胜,是中国古代著名的战例之一。

李渊集团的取胜,首先是因为唐朝进行的统一战争顺乎潮流,合乎民心,赢得广大民众的支持和拥护。其次,李渊集团集文武之才,拥地利之便,手中有一批如李孝恭、李靖等具文韬武略之将领出谋划策,而且控制地势险要、沃野千里的关中地区,作为统一战争的可靠后方和坚强后盾。再次,战略正确,策略灵活,在讨伐萧铣的作战中,李靖不仅献出10策,而且巧妙使用"水攻",使敌人措手不及而告败北。

而萧铣失败的原因正好相反,他所进行的割据战争不得人心,他任人唯亲,刚愎自用,唯我是尊,大杀将帅,最后以致众叛亲离,惨遭失败。

「隋唐武士铠甲」

宋元时期的战争

宋元时期,北方少数民族多次发动问鼎中原的战争,女真族建立的金朝、蒙古族建立的元朝为灭亡南宋,多次南下在长江流域展开激战,影响较大的战争有宋金采石之战、宋蒙钓鱼城之战、宋元襄樊之战。

宋金采石之战

采石之战是南宋文臣虞允文率领军民于采石阻遏金军渡江南进的江河防御战,此战力挫南侵金军主力,打破了完颜亮渡江南下、灭亡宋廷的计划,加速了完颜亮统治集团的分裂和崩溃,使宋军在宋、金战争中处于极为有利的地位。

(一)战前背景

绍兴和议后,金统治者灭亡宋朝的梦幻并未破灭。公元1148年,金兀术死去,海陵王完颜亮当右丞相。第二年,完颜亮发动宫廷政变,杀死金熙宗,自立为帝。公元1152年,命张浩等大修燕京宫室,次年从上京迁都燕京,命名中都大兴府。完颜亮迁都,一方面是为了加强对河东、河北及中原地区的统治,另一方面是为了便利对南宋的军事进攻。

为了灭亡南宋,统一全国,公元1161年7月,完颜亮再将都城迁到开封。9月,完颜亮自将32总管、60万兵力,分四路大举南下:水路,苏保衡、完颜郑家率水军从海道进攻临安。中路,刘萼、仆散忠义率领,自蔡州南攻荆襄。西路,徒单合喜、张中彦率领,由凤翔取大散关。完颜亮亲自率领金军主力为东路,以武胜、武平、五捷三军为前锋,从淮西南下。出兵前,完颜亮在尚书省设宴款待诸将,亲授攻宋方略,并预言"远则百日,近止旬月",一举灭亡南宋。10月,金军大举攻宋。金宋战争全面展开。

金军南下之前,宋朝已有所察觉。但直到公元1159年末,金朝贺宋正旦使施宜生

「宋高宗赵构」

宋元时期的战争

向宋朝透露了金兵即将南侵的消息，宋高宗才感到形势严峻。随后，南宋开始作应战的军事部署。

公元1161年5月，在金使到临安，逼迫宋朝割让淮南地区后，宋廷感到战争已经不可避免。右丞相陈康伯召集赵密、成闵、李捧、杨存中、虞允文等文武大臣，商议抵御金军的对策。随后任命吴璘为四川宣抚使，负责川、陕防务；以老将刘锜为淮南、江南、浙西制置使，节制诸路军马，担当江淮地区抗击金军主力的重任；以成闵为湖北京西制置使，率兵3万至武昌，防守长江中游；以李宝为沿海制置使，率海舟120艘由海道北进，袭击金水军。在金军大举进攻之前，南宋的防御体系基本建立起来。

(二)战争经过

1. 金军渡淮，南宋败退

公元1161年9月至10月，金四路大军同时进发，完颜亮亲统东路军主力大举攻宋。9月，完颜亮从开封南下，派左监军徒单贞领兵2万，直指东南的淮阴，在清河口张大声势，吸引南宋两淮的兵力。大军随后迅速逼近淮河北岸的涡口（今安徽怀远南）。10月初，完颜亮率大军从正阳镇（今安徽正阳关南）渡淮河，占领寿春（今安徽寿县）。而后主力向庐州（今安徽合肥）、和州（今安徽和县）方向推进，分出一军由大将萧琦率领，经定远、滁州取扬州，以接应徒单贞从淮阴南攻。

在金军渡淮之前，南宋方面已经作了相应的军事部署。老将刘锜抱病从镇江赶到扬州指挥迎敌，派副帅王权负责淮西防务，要求各军严密防范几处淮河渡口，把金军阻截在淮河以北。但是，战争爆发后，宋军部署出现问题。首先，刘锜中了完颜亮的声东击西之计，注意力被进攻淮阴的金徒单贞吸引过去，领兵进驻楚州，部署大量军队，增调数十艘海船，以阻止金兵从清河口渡河。其次，负责淮西防务的王权却畏敌如虎，不肯进军，在刘锜督催之下，才进驻庐州。10月初，当刘锜赶到淮阴时，金军到达淮河北岸。由于王权不进，淮西事实上没有设防，金军由此从容南下。而当王权得知金军过淮河，又放弃庐州南逃，把淮西拱手让与金军，淮东得以保全，宋御敌于两淮的计划破产。

金军抓住战机，发动攻势，以扩大战果。萧琦部经定远轻而易举占领滁州。很快，萧琦部再攻真州（今江苏仪征），与宋邵宏渊部发生激战，击败宋军，却并不入城，从山路直取扬州。刘锜在后方受到威胁，又接到朝廷命他退守江南的诏令，于是率军从楚州往扬州撤退。金徒单贞部乘势渡河，继续向扬州进击。刘锜自知难以抵挡两支金军攻击，从扬州退守瓜州。金军占领扬州后，追击刘锜至瓜州，刘锜退回镇江。完颜亮也率军接连攻克庐州、和州。金军追击王权溃军到长江边，王权又从和州逃到采石，金军进而占领长江北岸的杨林渡口（今安徽和县东）。至此，金军取得渡淮之战的胜利。

2. 南宋采石大捷

完颜亮发动非正义的侵宋战争，遭到金统治区各族人民的强烈反对。公元1161年10月8日，金东京留守完颜雍利用海陵王完颜亮在前线作战的时机，在金东京（今辽宁辽阳）发动政变，杀死副留守高存福等，即皇帝位。完颜雍继位后，对参与政变的将领授予军事要职，同时下诏历数海陵王的罪恶，号召军民归附新君。

东京政变的消息传到前线后，对海陵王完颜亮和攻宋金军造成很大震动。完颜亮派一军回师北攻，镇压黄河以北的反叛；并亲自领军继续南攻，准备灭宋后再解决内乱。10月底，金兵全线推进到长江边，完颜亮督责将士昼夜赶造战船，准备从杨林口渡江。

金军进至长江边，宋廷惊慌失措。宋高宗想逃到海上躲避金军，文武官员也纷纷准备逃离临安。由于左仆射陈康伯和太傅杨存中等人的坚决反对，宋高宗才同意作抗击金军的部署。宋廷为了挽救危局，解除了王权的职务，以李忠显为建康府驻扎御前诸军都统制，并派遣中书舍人虞允文为参谋军事，到前线犒劳宋军将士。11月8日，虞允文到采石，到距离采石数公里处，就听到鼓声阵阵，问道路旁行人，说是金军今天渡江，随行人都想回去，虞允文不同意。来到采石时，王权已经离开，接替他职务的李

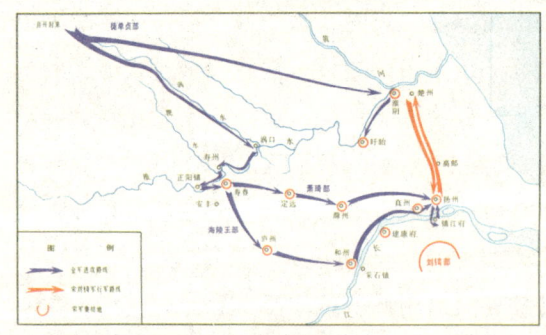

「完颜亮攻宋东路军进兵路线示意图」

显忠还未到任。宋军没有主将，人心惶惶，乱成一团。虞文允毅然负起抗击金军的重任，立刻组织军队，鼓舞士气，部署迎敌。他命令步兵、骑兵都整好队伍，沿江布阵，又把江面的宋军船只分为五队，两队沿江巡视，一队部署在江中流，另外两队作为预备队隐藏在小港中，当涂民兵也驾船协同作战。虞允文刚部署完毕，金军便开始发动渡江之战。

海陵王派战船渡江攻采石，并亲临岸边指挥作战，岸上设置红黄两种旗帜，红旗举起则前进，黄旗举起则倒退。金军战船首尾相接，鱼贯而出杨林口，进逼南岸。江面上的宋军战船，也向金军的大船冲去。宋水军多踏车海鳅船，大而灵活，而金军使用的都是底阔如箱的平底船，行动迟缓，又不熟悉江道，战斗一开始就陷入被动，首批渡江船队很快被宋军撞沉。第二天，虞允文又派新盛率水军主动进攻长江北岸的杨林渡口，攻击金军剩余船队，再次击败金军，并以火船焚烧剩余其船只一百八十余艘。完颜亮见采石渡江失败，被迫退回和州。

11月下旬，完颜亮率军转移到扬州，企图从瓜洲渡江。虞允文、杨存中等部宋军也进至镇江，做抵御金军的部署。宋军刚打了胜仗，士气高涨，大小战船布列江中，严阵以待。完颜亮不顾将士的反对，孤注一掷，命令金军3天内全部渡江南下，后渡者一律处死，促使金军内部发生兵变。金完颜元宜、王祥等经过秘密策划，于11月27日黎明，发动兵变，攻入完颜亮寝帐，杀死完颜亮，同时处死李通、郭安国、徒单永年等军政要员。12月初，金军退走，宋军乘机收复两淮地区。之后，金世宗为了稳定内部，派人到南宋议和，宋金战争又暂时停了下来。

(三)战例评析

采石之战是宋金战争史上具有重要意义的战役，南宋军民在虞允文的指挥下，力挫南侵金军主力，打破了完颜亮渡江南侵、灭亡宋廷的计划，加速了完颜亮统治集团的分裂和崩溃，使宋军在宋金战争中处于极为有利的地位。

采石之战南宋取胜并非偶然。宋军大本营就在建康，离采石30公里，从建康到镇江宋军有20万，人员、物资补给非常迅速。而且中书舍人虞允文被委任为督视江淮军马府的参谋军事，实际上表明南宋最高军事指挥已直接主持江淮作战，虞允文及时果断地督军作战为采石之战的胜利奠定了基础。

海陵王攻宋失败的原因是多方面的，如轻视南宋力量，战备欠充分；占领两淮后没及时调整战略；水军力量不足；特别是后方政变，造成军心不稳，瓦解了金军斗志。

宋蒙钓鱼城之战

钓鱼城何处，遥望一高原。
壮烈英雄气，千秋尚凛然。

这是陈毅元帅1927年登临钓鱼城时吟咏的一首诗。该诗形象生动地勾勒钓鱼城的巍峨雄姿，显示出作者对英雄的崇敬、对钓鱼城的赞美。诗中所说钓鱼城指的就是坐落在今重庆市合川区（宋代时称合州）东钓鱼山上的古城，公元1258—1259年，宋蒙钓鱼城之战就发生在这里。

> 钓鱼城之战是中国古代军事史上著名的山城要塞防御战。蒙哥以数万精兵，围攻长达5个月之久，却无力攻克这座山城，最后以蒙哥汗身亡，损失惨重而撤军。南宋钓鱼城保卫战的胜利，阻止了蒙军迂回包围战略计划的实现，使南宋的危势得以暂时缓解。

（一）战前背景

四川在宋蒙争夺中处于十分重要的战略地位。公元1242年，南宋朝廷委派著名将领余玠出任四川安抚制置使知重庆府，主持四川防务。余玠在四川采取了一系列政治、经济和军事措施，其中最重要的是创

「钓鱼城遗址」

宋元时期的战争

「余玠」

建了山城防御体系。即在四川的主要江河沿岸及交通要道上,选择险峻的山隘筑城结寨,星罗棋布,互为声援,构成一完整的战略防御体系。钓鱼城即是这一山城防御体系的核心和最为坚固的堡垒。

钓鱼城坐落在今重庆市合川区合阳镇嘉陵江南岸钓鱼山上,其山突兀耸立,相对高度约300米。山下嘉陵江、渠江、涪江三江汇流,南、北、西三面环水,地势十分险要。彭大雅任四川制置副使期间(公元1239—1240年),命甘闰初筑钓鱼城。公元1243年,余玠采纳播州(今遵义)贤士冉琎、冉璞兄弟建议,遣冉氏兄弟复筑钓鱼城,移合州治及兴元都统司于其上。钓鱼城分内、外城,外城筑在悬崖峭壁之上,城墙系条石垒成。城内有大片田地和四季不绝的丰富水源,周围山麓也有许多可耕田地。这一切使钓鱼城具备了长期坚守的必要地理条件以及依恃天险、易守难攻的特点。公元1254年,合州守将王坚进一步完善城筑。四川边地之民多避兵乱至此,钓鱼城成为兵精食足的坚固堡垒。

蒙哥为成吉思汗幼子拖雷的长子,曾与拔都等率兵远征过欧、亚许多国家,以骁勇善战著称。

公元1257年,蒙哥汗决定发动大规模的灭宋战争。公元1258年,蒙哥督师南征,以其弟阿里不哥留守和林,亲自率军南下。其部署是:忽必烈率中路军攻鄂州(今湖北武昌),另分一部由塔察儿进攻荆山(今湖北武当山东南);兀良合台为南路,率军经云南、广西,然后再引兵北上;西路为蒙军主力,由蒙哥亲自率领,攻四川;东路由李璮率领,攻海州(今江苏连云港)等地,以为配合。蒙哥以四川作为战略主攻方向,意

「蒙哥」

欲发挥蒙古骑兵长于陆地野战而短于水战的特点,以主力夺取四川,然后顺江东下,与诸路会师,直捣宋都临安(今浙江杭州)。

(二)战争经过

1. 蒙古军入蜀

公元1258年4月,蒙哥率军4万,号称10万,分三道入蜀。7月,蒙哥由宝鸡攻占重贵山。9月,驻跸汉中(今陕西汉中市南郑县)。10月,蒙哥经宝峰到达利州,渡过嘉陵江;并任命汪德臣在白水架桥,遂又渡江抵剑门。接着又向安西堡、苦竹隘(今四川剑阁县境)、长宁山(今四川广元与青川之间)等地发起猛烈进攻。11月,蒙哥攻占鹅顶堡(今四川剑阁县南10公里)。之后与莫哥军会师,共同进攻大获山(今四川苍溪县东南三十里),宋守将不战而降。不久,龙州(今四川平武县东)、运山(今四川蓬安县境)、青居山(今四川南充市南)的宋军亦降蒙,隆州(今四川仁寿县)、雅州(今四川雅安市)等地也被攻占。至此,川西、川北、川中大部分地区被蒙军占领,对重庆、合州等川东军事重镇形成了夹击态势。

2. 钓鱼城之战

1259年正月,蒙哥汗派南宋降官晋国宝至钓鱼城招降,为宋合州守将王坚所杀,以示坚决抵抗。2月,蒙哥派纽璘率一部兵力到涪州(今重庆市涪陵区)造浮梁,封锁江面,以拦截京湖方向的南宋援军。随后亲率各军渡过渠江,进抵钓鱼城下。王坚力战坚守。至3月底,蒙军先后使用各种攻城器材连续进攻钓鱼城,都被守城军民击退。4月,蒙军曾一度攻入外城,但宋将王坚、张珏利用夜暗率军开城出击,打退蒙军。此时,大雷雨持续了二十天,使得蒙军攻势顿减。

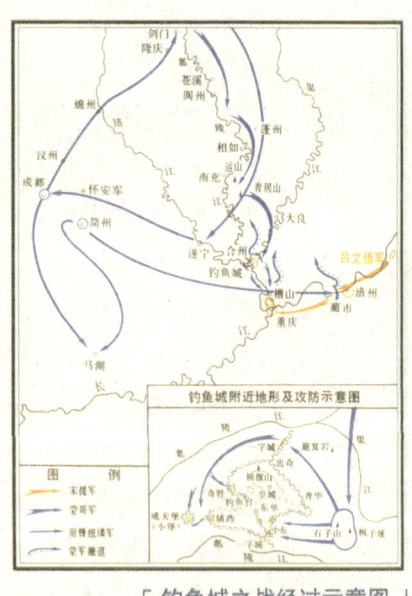

「钓鱼城之战经过示意图」

宋元时期的战争

加之蒙军水土不服，疫病流行，战斗力大为减弱。

钓鱼城久攻不下，蒙哥汗命诸将会议商讨对策。术速忽里认为，顿兵坚城之下是不利的，不如留少量军队困扰之，而以主力沿长江水陆东下，与忽必烈等军会师，一举灭掉南宋。然而骄横自负的众将领却主张强攻坚城，反以术速忽里之言为迂。蒙哥汗未采纳术速忽里的建议，决意继续攻城。然而，面对钓鱼坚城，素以机动灵活，凶猛骠悍著称的蒙古骑兵却不能施其能。

3. 宋援军被阻

钓鱼城经过数月的坚守，给南宋军民以很大鼓舞。南宋统治者为了确保上游，命吕文德为四川制置副使率军自岳州（今湖南岳阳市）逆长江而上，增援四川战区。吕文德进抵涪州（今重庆市涪陵区）时，经力战，冲垮蒙军浮梁，突破蒙军的封锁，于6月初到达重庆。然后又率艨艟战舰千余只，溯嘉陵江而上，增援钓鱼城。蒙军史天泽分两翼，顺流纵击，吕文德战败，退回重庆。这样增援钓鱼城的宋军为蒙军所阻，始终未能进抵钓鱼城下。

4. 蒙军损失惨重

蒙哥打退宋援军后，又督促前锋大将汪德臣挑选士卒在夜间用云梯攻城。王坚亲自率兵抵御。汪德臣见强攻不成，在城下喊话劝降，被宋军飞石击伤，不久死去。为了观察钓鱼城内情况，蒙哥命令建筑瞭望台，并亲自到城下督战。当蒙军把飞车（送人到瞭望台上去的工具）升起向城内窥探时，遭到宋军炮击。蒙军死伤很多，蒙哥亦中飞石，身负重伤，不久死于军中。进攻四川的蒙军，随即被迫撤军北归。这样，进攻合州的蒙军精锐，以损兵折将、可汗伤亡而告结束。

「王坚雕像」

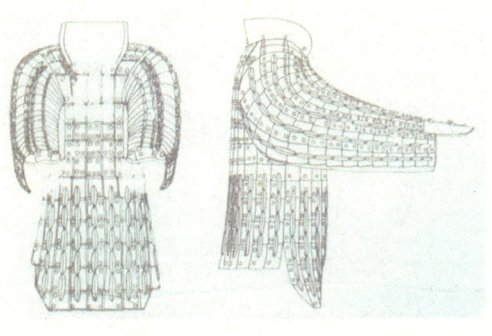

「宋代胄铠」

「古钓鱼城」

(三)战例评析

钓鱼城之战中,蒙军之所以攻不下钓鱼城,是因为它所掌握的攻城技术,尚不足以克服这样的坚城。另外,也缺乏有力的水军和水陆配合的作战经验。加上气候炎热,水土不服等因素,致使其不得不被迫北撤。钓鱼城之战的经验证明,利用山川有利的地理和民情条件,筑坚城,足储备,练精兵,选能将,团结军民,决心抗战,虽有强大敌兵压境,也是可以挫败进攻的。

宋元襄樊之战

> 襄樊之战是元朝统治者消灭南宋统一中国的一次重要战役,从公元1267年蒙将阿术进攻襄阳开始,到公元1273年襄阳守将吕文焕降元,襄樊失陷而告结束,战争历时近6年,是中国历史上宋元封建王朝更迭的关键一战。

(一)战前背景

公元1260年3月,忽必烈即皇帝位。接着,积极准备灭亡南宋的战争。

公元1261年,南宋将领刘整投降蒙古,他在京湖与四川两大战场辗转驰骋数十年,对宋元双方攻防得失最有发言权。刘整

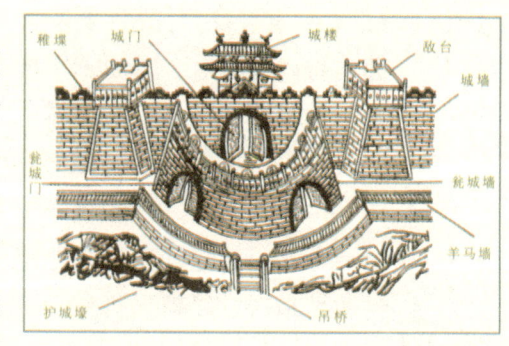

「宋代的城制」

宋元时期的战争

「忽必烈」

投降蒙古后，向忽必烈献策：襄阳是南宋最重要的军事屏障，想灭南宋，必须先取襄阳。于是，蒙军在战略上有重大调整，以襄樊为主攻方向，中间突破，直趋临安。

襄樊位于南阳盆地南部，为鄂、豫、陕交通要冲。襄阳在汉水南岸，樊城在北岸，两城隔水相对，共同构成扼守汉水的要地，战略地位十分重要。襄阳城曾于公元1236年一度被蒙古军占领，后被孟珙收复，以后一直掌握在宋军手中。襄、樊二城又经过近三十年的营建，城防坚固，互为依托，为兵家必争之地，南宋决心保卫襄樊。襄樊之战的成败关系着整个战局的发展，因而其争夺激烈的程度也为蒙宋开战以来所罕见。

（二）战争经过

1. 围困襄樊

忽必烈根据刘整的建议，开始实施对襄阳的战略围攻。其重要措施有二：

一是建立陆路据点，作为攻宋的根据地。早在公元1261年夏，忽必烈根据刘整建议，通过贿赂南宋京湖制置使吕文德，得以在襄樊城外置榷场，在襄樊东南的鹿门山修筑土墙，内建堡垒。公元1268年，蒙将阿术在襄樊东南鹿门堡和东北白河城修筑堡垒，切断了援襄宋军之路。公元1270年，蒙将史天泽在襄樊西部的万山包百丈山筑长围，又在南面的岘山、虎头山筑城，连接诸堡，完全切断了襄阳与西北、东南的联系，襄樊成为一座孤城。

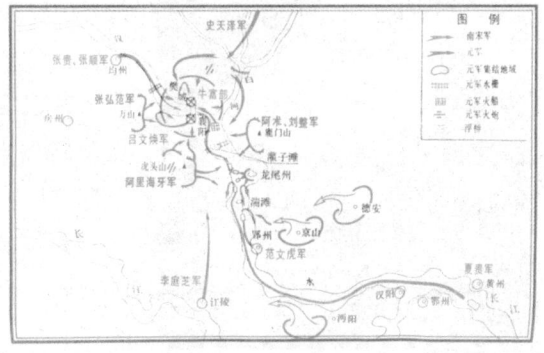

「宋元襄樊之战经过示意图」

二是建立水军,寻求制服南宋的战术优势。公元1270年,刘整与阿术谋议,认为蒙军骑兵有优势,但水军不如宋军,建议训练水军。忽必烈当即命刘整造战船,操练水军,以图进取襄阳。刘整遂造船5000艘,日夜训练水军,又得到四川行省所造战舰500艘,建立起一支颇具规模的水军,从而弥补了战术上的劣势,为战略进攻准备了必要条件。

2. 击败宋援军

襄樊被围后,宋军也多次组织救援。公元1269年3月,宋将张世杰率军与包围樊城的蒙军作战,在赤滩圃被击败。7月,宋将夏贵率战船3000进至鹿门山,攻新城堡,遭到蒙古军与汉军的联合伏击,兵败虎尾洲,损失两千余人,战舰50艘。9月,宋将范文虎领兵进至灌子滩也被击败,士卒溺死者甚多。12月,襄阳守将吕文德病死,其弟吕文焕接替指挥襄阳军事。

公元1270年6月,范文虎曾利用汉水涨潮,从水路攻鹿门,被蒙古军击败,尽弃战舰及辎重逃走。在以后的近一年时间内,宋廷没有再组织增援襄樊,听任襄樊军民苦战。

公元1271年4月,在朝野一片呼吁下,范文虎不得已再次统率两淮诸军援襄,于汉水湍滩(襄阳东南)被元阿述打败而归。6月,范文虎又率部及两淮舟师10万,沿汉水北上,又被元军击败。

「蒙古佩刀骑士」

南宋统治者几次派军援襄失败后,京湖制置大使李庭芝不得已在襄阳西北的均州(州治在今湖北丹江口市)和西面的房州(州治在今湖北房县)山区组建民军,再援襄阳。李庭芝在均、房制造轻船,招募义勇3000人,以张顺、张贵为都统,先在均州上游水峪立下"硬寨",进行准备。公元1272年5月24日,张顺、张贵趁汉水上涨,乘舟百艘,满载布帛、食盐,顺流而下,冲破元军重重封锁,援救襄阳。进军途中,张顺不幸战死。当时襄阳被困已有5年之久,听说援兵到来,民心士气为之一振。张贵率领的3000民军,给襄阳增加了守城的生力军。

宋元时期的战争

为了解决襄阳的物资困难,张贵主动派人突围到鄂州与范文虎联系,约定南北夹击,打通襄阳外围交通线,计划范文虎率精兵5000驻龙尾洲接应,张贵率军和范文虎会师。张贵按约定日期辞别吕文焕,率兵3000顺汉水而下,检点士兵,发现少了一名因犯军令而被鞭笞的亲兵,张贵大惊,果断地改变了秘密行动,乘夜放炮开船,杀出了重围。元军中阿术、刘整得知张贵突围,派数万人阻截,把江面堵死。张贵边战边行,接近龙尾洲,在灯火中远远望见龙尾洲方向战舰如云,以为是范文虎接应部队,举火示意,对方船只见灯火便迎面驶来。等到近前,才发现来船全是元军。宋元两军在龙尾洲展开一场遭遇战,宋军因极其疲惫,战斗中伤亡过大,张贵力不能支,被元军俘获,不屈被害,元军派4名南宋降卒抬着张贵尸体晓示襄阳城中,迫使吕文焕投降,吕文焕杀掉降卒,把张贵与张顺合葬,立双庙祭祀。

3. 攻陷樊城

元军包围襄樊长达5年不下,不得不调整部署,改变战法。元将阿里海牙认为,襄阳与樊城,犹如唇齿相依,如先攻下樊城,则襄阳可不攻自得。忽必烈采纳了他的意见,命阿述指挥元军,刘整、阿里海指挥汉军,对樊城发起总攻。

吕文焕曾在汉水中树立木桩,用铁绁固锁,上面造浮桥,以通援兵,樊城恃以为固。元将张弘范献计说,可截断江道,阻其援兵,水陆夹攻而破樊城。阿述从其计,于公元1273年正月初,派水军以斧锯切断江中木橛和铁锁,焚烧樊城与襄阳之间的江上浮桥,又乘风纵火烧了南宋的战船,截断襄阳与樊城的联系。接着,调炮队并集中水陆兵力,进攻樊城,先以回回炮轰击,然后水陆夹攻,进入城内。正月11日城陷时,南宋守将牛富率军巷战,终因寡不敌众,身受重伤,投火而死。

樊城失陷以后,襄阳形势更加危急。吕文焕多次派人到南宋朝廷告急,但终无援兵。襄阳城中军民拆屋作柴烧,陷入既无力固守,又没有援兵的

「襄阳炮」

「回回炮发石机」

绝境。公元1273年2月，阿里海牙由樊城攻打襄阳，炮轰襄阳城楼，城中军民人心动摇，将领纷纷出城投降。元军在攻城的同时，又对吕文焕劝降，吕文焕感到孤立无援，遂举城投降元朝，襄樊战役宣告结束。

(三) 战例评析

宋元襄樊之战经过长期较量，终于以元胜宋败结束。蒙元的胜利，在于战略上处于主动地位，建立了包围襄樊的堡垒，以逸待劳，又注重弥补战术上的不足，制造战船，训练水军，在襄樊战役中发挥了巨大作用。

宋朝统治者不重视边备，将帅软弱无能，吕文德见利忘义，使蒙古军队占据了襄阳有利地位；在反包围战过程中，因将帅不和，步调不一等原因犯了一系列战术错误，战斗中基本上执行了消极防御策略，导致了被元军围困5年之久的不利地位，最后归于失败。

但在襄樊保卫战中，南宋军民坚持抗战六年，特别是张贵、张顺所率民军，从汉水上游支援襄樊，转战60公里，在守城中又顽强奋战，表现了誓死不屈的斗争精神，为后人所传颂。

明清时期的战争

元朝末年,占据长江下游的朱元璋和占据长江中游的陈友谅经过近5年的较量,朱元璋最终打败了陈友谅,奠定了建立明朝的基础。

清朝前期发生在长江流域的战事,主要是康熙平叛吴三桂之战。清朝后期发生在长江流域的战事主要是洪秀全领导的太平天国起义和湖北地区的革命党人发动的辛亥武昌首义。

朱元璋平陈友谅之战

公元1360年闰5月到公元1364年初，朱元璋与陈友谅之间进行了近5年的军事较量，经过应天、洪都、鄱阳湖等三次大的战役，最终以朱元璋的完全胜利而告结束。战争为朱元璋统一江南奠定了基础。

(一)战前背景

元朝末年，朝政废弛，阶级矛盾尖锐，社会动荡不安，农民起义如火如荼。公元1351年刘福通领导的红巾军高举义旗，各地群起响应。其中发生在长江流域的起义主要有彭莹玉、徐寿辉等领导的起义。公元1360年，部将陈友谅杀死徐寿辉，自称皇帝，控制了长江中游地区。公元1362年，徐寿辉的另一部将明玉珍在四川称帝，控制了四川。此外，还有方国珍集众千余起兵，据有浙东庆元（今浙江宁波）、台州（今浙江临海）、温州（今浙江永嘉）一带地区。张士诚起兵江苏北部，攻占今江苏泰州、兴化、高邮等地，控制了长江三角洲。

公元1352年，郭子兴起义占据濠州（今安徽凤阳），朱元璋前来投奔，由于办事机灵多谋，作战勇敢，颇得郭子兴的赏识，升为镇抚。郭子兴死后，朱元璋成为这支起义军的领袖，收罗人才，整顿军队，势力日益壮大。公元1355年正月，朱元璋统兵攻占和州。6月，朱元璋率军由和州经牛渚矶（今安徽当涂县西北），渡过长江，占领采石，攻克太平（今安徽当涂）。公元1356年3月，朱元璋派兵一部攻占芜湖，亲率水陆大军进攻集庆（今江苏南京），击败驻守城外的元军陈兆先部，元军水寨元帅康茂才等率将吏及兵众投降。朱元璋占集庆后，改名应天府，取得了一个战略基地。此后数年，由于刘福

「朱元璋像」

明清时期的战争

通领导的红巾军在北方牵制了大量元朝兵力，朱元璋得以先后攻占苏南、皖南和浙江的部分地区，并开始东与张士诚、方国珍，西与陈友谅的势力相接触。

朱元璋分析了当时的形势和自己的处境，认为张士诚专意保守现有地区，不足为虑；而陈友谅正在扩张势力，又轻骄喜功。如先攻张士诚，陈友谅必全力来救，将陷入两面作战的不利境地。最后，朱元璋采纳刘基的意见，定下了先陈后张、各个击破的战略决策。

(二)战争经过

1. 应天设伏，首挫陈军

正当朱元璋准备攻打陈友谅之际，陈友谅也在积极筹划消灭朱元璋。公元 1360 年闰五月初一，陈友谅率 10 万水军越过朱元璋军队占据的池州（今安徽贵池），攻占太平，夺取采石，并派人和张士诚联系，企图上下夹击，一举吞灭朱元璋。朱元璋决定采纳刘基的建议，以逸待劳，在应天设伏，伺机打败陈军。

为了诱使陈军速来，朱元璋让陈友谅的老友、元朝降将康茂才写信向陈友谅诈降，表示愿为内应，并约定在江东桥（今南京江东门附近）会合，以呼"老康"为暗号。与此同时，朱元璋根据应天的地形条件作了如下部署：命令常遇春等率兵 3 万埋伏于石灰山（今南京幕府山）侧；命徐达等率兵列阵于南门外；命赵德胜率兵横跨新河（今南京城西南）驻虎口城；命杨璟驻兵大胜港（今南京城西南）；命张德胜等率水师出龙江关（今南京兴中门外）；朱元璋自率主力埋伏于卢龙山（今南京狮子山）。并派胡大海自婺州、衢州率兵西攻信州（今江西上饶），威胁陈友谅侧后，进行牵制。

急躁、轻敌的陈友谅接到康茂

「轻浅便利船」

「四百料战座船」

才的信后，信以为真，不待张士诚答复，便于五月初十率军自采石进抵大胜港。待到江东桥连呼"老康"不应，方知受骗，仓促派万人登陆立栅。朱元璋看到陈军进入伏击圈，乘其登岸立足未稳之际，发出信号，伏兵四起，水陆夹击，陈军大乱，争相登舟而逃。时值退潮，陈军巨舰搁浅，士卒被杀和落水而死者甚多，另有两万余人被俘。陈军将领见情势危急，纷纷投降，巨舰、战舸多为朱军所获。陈友谅乘小舟逃回江州（今江西九江）。朱元璋挥军乘胜追击，夺回安庆、太平，胡大海也取得信州。应天之战以陈友谅的失败而结束。

应天之战改变了双方的军事态势，并向着有利于朱元璋趋势发展。陈军在战后将士离心，不能并肩作战。朱元璋乘其内顾不暇，不断向西推进，仅一年时间，就攻占了蕲州、黄州、兴国、黄梅、广济、乐平、抚州等地，收编了龙兴（即洪都，今江西南昌）的守军，连下瑞州、吉安和临江（今江西清江西），实力大大增强，控制区迅速扩展。

2. 陈军攻洪都，顿兵坚城

正当朱陈双方血战之际，小明王韩林儿率领的北方红巾军却接连遭受挫折，退守安丰（今安徽寿县）。公元1363年2月，与红巾军为敌的张士诚与元军配合，派兵围攻安丰。小明王向朱元璋告急求援。3月，朱元璋亲率军队渡江救援安丰。4月11日，陈友谅乘朱军主力救援安丰，江南空虚之机，以号称60万的水陆大军围攻洪都（今江西南昌），并占领吉安、临江、无为州等。

洪都地处赣北平原，位于赣江下游，由赣江向北经鄱阳湖与长江相连，军事地位非常重要。陈军登陆后，用各种攻城器械从四面八方向洪都城发起猛攻。守城朱军浴血奋战，死守洪都，坚持月余。当朱元璋获悉陈军伤亡很大、粮食缺乏、江水日益干涸、巨舰难以机动的消息后，认为这正是消灭陈友谅的大好时机。即命洪都守军继续坚守，以疲惫消耗陈军，为解救洪都争取时间。

明清时期的战争

7月6日,朱元璋亲率水军20万,救援洪都,16日进抵湖口。为把陈军困于鄱阳湖中,朱元璋先部署一部分兵力扼守泾江口(今安徽宿松南)和南湖嘴(今江西湖口西北),切断陈友谅归路;又派兵扼守武阳渡(今江西南昌东南),以防陈军南逃;朱元璋则亲率水师由松门(今江西都昌南)进入鄱阳湖,形成关门打狗之势。

陈友谅围攻洪都85天,未能攻下,听说朱元璋亲率大军前来救援,即下令撤洪都之围,东出鄱阳湖迎战。一场规模空前激烈异常的生死大决战,就此在鄱阳湖面展开。

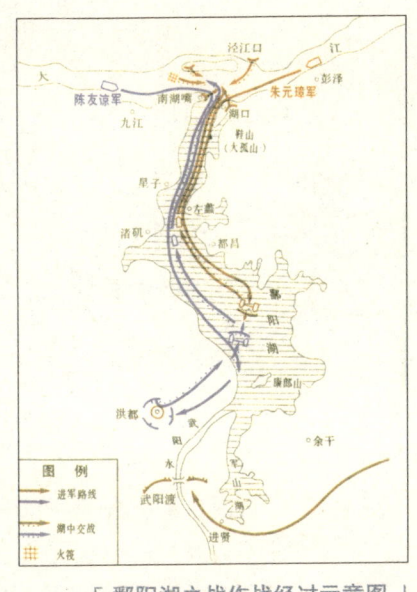

「鄱阳湖之战作战经过示意图」

3. 鄱阳决战,陈军败亡

公元1363年7月20日,朱陈两军在康郎山(今江西鄱阳湖内)水域遭遇。当时陈军巨舰联结布阵,展开数十里,颇有气势。但睿智的朱元璋看出其首尾连接、不利进退的弱点,于是把水军舰船分为20队,每队都配备大小火炮、火铳、火蒺藜、神机箭和弓弩。命令各队接近敌舰时,先发火器,再射利箭,再以短兵相搏。

21日,双方展开激战。朱元璋爱将徐达身先士卒,率舰队奋勇冲击,击败陈军前锋,毙敌1500人,缴获巨舰一艘。俞通海乘风发炮,焚毁陈军二十余艘舰船。激战中,朱军伤亡也很大。尤其是朱元璋座舰搁浅被围,险遭不测。战斗呈胶着状态。从早晨至日暮,双方鸣金收兵,战斗告一段落,双方互有伤亡,不分胜负。

22日,陈友谅率全部巨舰出战。朱军舰小不能正面进攻,接连受挫。朱元璋及时采纳了部将郭兴建议,决定改用火攻破

「明初铜砚口铳」

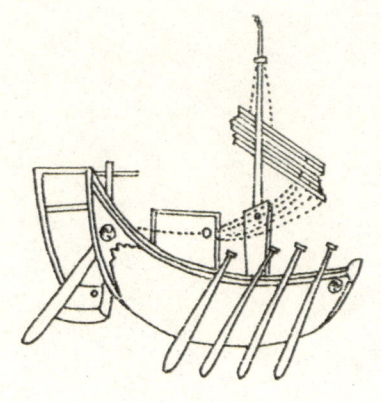

「安庆式哨船」

敌。他选择勇敢士兵驾驶7艘渔船，船上装满火药柴薪。在黄昏时候趁东北风起，逼近敌舰，顺风放火，一时间风急火烈，迅速蔓延，转瞬之间烧毁陈军数百艘巨舰，死伤过半，陈友谅的弟弟陈友仁、陈友贵及大将陈普略等均被烧死。朱元璋指挥军队乘势发起猛攻，又毙敌两千余人。

23日，双方又有交锋，陈友谅瞅准朱元璋旗舰展开猛攻。朱元璋刚刚移往他舰，原舰便被陈军击碎。

24日，俞通海等人率领6舰突入陈军舰队，勇往直前，势如游龙，如入无人之境。朱军士气大振，再次猛烈攻击。陈友谅不敢再战，收拢部队，转为防御。

当天晚上，朱元璋乘胜进扼左蠡（今江西都昌西北），控制江水上游，陈友谅亦退保诸矶（今江西星子南）。两军相持3天，陈友谅屡战屡败，形势渐趋不利。陈友谅左、右金吾将军见大势已去，投降朱元璋，陈军军心动摇，形势愈发不利。朱元璋一面部署歼灭陈军，一面致书劝降，陈友谅大怒，尽杀朱军俘虏。朱元璋却反其道而行之，放还全部俘虏，并悼死医伤，以分化瓦解敌军。朱元璋判断陈军可能突围退入长江，乃移军湖口，在长江南北两岸设置木栅，并做火筏置于江中，堵敌归路，待机歼敌。

经过1个多月的激战，陈友谅被困湖中，军粮奇缺，将士饥疲。陈友谅无计可施，不得不于8月26日，率楼船百余艘，由南湖嘴冒死突围，企图进入长江，退回武昌。当陈军行至湖口时，遭遇常遇春、廖长江等率舟师及江中火筏猛攻，只得慌乱奔逃；至泾江口时，又遭朱军伏兵阻击，混战中，陈友谅中箭而死，军队溃败，残部五万余人投降。陈友谅子陈理逃回武昌继位。公元1364年2月，朱元璋

「子母舟」

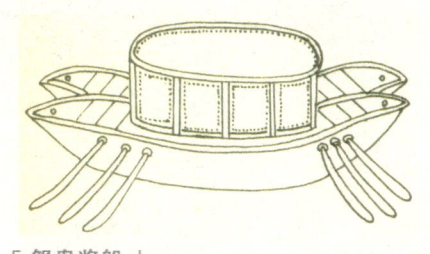

「鸳鸯桨船」

攻下武昌，陈理投降，朱元璋的势力扩大到原陈友谅的所属地区。

(三)战例评析

陈友谅的失败有多方面的原因，一是过于轻敌和轻率。康茂才的一封诈降书就信以为真，不待张士诚军的配合行动，就冒险深入，企图侥幸取胜，导致应天之战的失败。二是战略指挥上的失误。本来，朱元璋率主力北救安丰，造成应天空虚。如果陈友谅不是先攻洪都，而是以一部兵力对洪都进行牵制，主力顺流而下直攻应天，那么朱元璋将处于陈、张夹攻、进退失据的不利处境。但陈友谅却把矛头指向小而坚的洪都城，苦战3月，师劳兵疲，士气低落。

朱元璋之所以胜利，正是巧妙地利用了陈友谅的缺点。从作战指挥看，面对陈友谅求战心切、骄狂轻敌的心理，采取诱敌深入、集中兵力在应天设伏聚歼的方针。面对舰只庞大、装备精良的陈军，朱元璋冷静、敏捷地捕捉敌方的弱点和失误，化不利为有利，进入湖口之初，就在武阳水与鄱阳湖、长江与鄱阳湖各隘口，层层派兵扼阻，限制其兵力的展开，阻止其发挥多兵大舰的优势，形成了对陈友谅的战略包围，因此从开始便掌握了战略主动权。然后又集中大部战船和兵力逐次打击陈军，并善于利用风向、水流等自然条件，及时抢占有利攻击阵位，不失时机地实施火攻，充分发挥火器的作用，终于以少胜多、以小击大、以弱胜强，创造了我国水战海战史上的著名战例。

对陈友谅作战的胜利，奠定了朱元璋平定江南的基础，并为以后的北伐和攻灭元朝，统一全国、建立明朝创造了极为有利的条件。

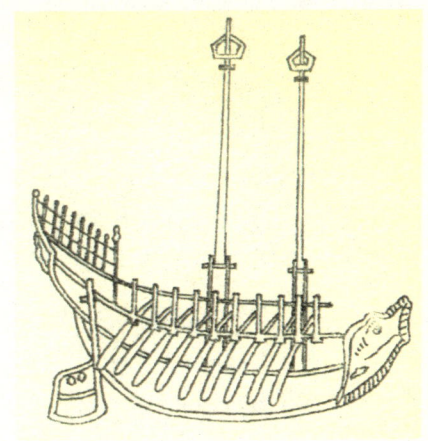

「蜈蚣船」

康熙平叛吴三桂之战

从公元1673年11月到公元1681年10月，清王朝进行了平定吴三桂的战争，平叛战争主要在长江流域展开。这场战争，时间长达8年，地域波及数省，规模较大，是17世纪中后期清朝统治阶级内部的战争，同时也具有统一战争的性质，它对清朝政治、经济的发展都有重大影响。

（一）战前背景

顺治初年，为了消灭南明政权，清朝重用降清明将：吴三桂封平西王，镇守云南，兼辖贵州；尚可喜封平南王，镇守广东；耿仲明封靖南王，死后，其子耿继茂袭封，镇守福建。上述三方势力合称三藩。三藩在所镇守的省份权力甚大，远超过当地地方官员，并可掌控当地军队、税赋等。

三藩之中，吴三桂势力最强。在政治上，他独揽云南、贵州的军政大权，不仅云、贵督抚全受他节制，而且还有设官委任的特权。在经济上，吴三桂不仅没收明朝贵族沐天波田庄700顷为藩庄，而且还大量圈占军田、民田。为扩充其实力，在辖区内广征赋税，垄断盐井、金矿、铜矿生产，招徕商旅，提供资本，使他们进行商品贸易，所赚银两供军需之用。吴三桂势力严重威胁到清朝的统治。

公元1673年，平南王尚可喜上书康熙请归老辽东，留其子尚之信继续镇守广东。经户、兵两部和议政王大臣集议，认为如果尚之信拥兵留镇广东，跋扈难制，康熙帝遂

「吴三桂」

明清时期的战争

诏令尽撤全藩。吴三桂和耿精忠得知不能自安,在同年7月先后疏请撤兵,以试探朝廷意旨。康熙帝考虑到藩镇久握重兵,势成尾大,对国家不利,遂采纳米思翰、明珠等人的意见,命吴三桂所属官兵家口,全部撤移。

吴三桂自负功高,认为自己与尚可喜情况不同,清廷不会夺其王爵,上疏请移藩,实迫于形势,并非其本意,没想到却于9月接到撤藩诏令,因而大失所望。他故作恭顺,答应于11月24日启程,实际却一再故意拖延,暗地与部属密谋叛乱。11月21日,吴三桂串通心腹,杀死云南巡抚朱国治,发布反清檄文,自称"天下都招讨兵马大元帅",以明年为"周"元年,蓄发,易衣冠,旗帜皆白,公开发动了叛乱。

12月22日,湖广总督蔡毓荣上疏奏报了吴三桂反叛的最新消息,一时举朝震惊,康熙帝主动承担起有关撤藩的全部责任,连下数道诏令,采取一系列措施,派兵增防湖广控制战略要地荆州,加强四川、广西两省防守,建立兖州、太原等后援部队基地,停撤耿精忠、尚可喜二藩,以稳住福建、广东局势,颁发诏谕,声讨吴三桂罪行,集中物力财力,支援平叛战争。

(二)战争经过

1. 战争初期进展迅速

战争初期,形势对清军十分不利。吴三桂以云贵为基地,遣部将王屏藩进攻四川,继而攻汉中;派遣马宝等从贵州进攻湖南。在湖南战场,公元1673年12月29日攻陷沅州(今湖南芷江),总兵官崔世禄被俘。公元1674年,吴军继续北进,攻陷常德,不战而得澧州(今湖南澧县),湖南巡抚卢震放弃长沙退到岳州(今湖南岳阳),提督桑峨、总兵官周邦宁向荆州方面收缩。由于清军进援迟缓,长沙副将黄正卿、参将陈武衡以城叛降。长沙的失陷,对战局影响很大,原广东提督杨遇明再次叛降,人心动摇。四川方面,巡抚罗森、提督郑蛟麟和总兵谭洪、吴之茂,于公元1674年正月投降吴三桂。2月,广西将军孙延龄叛投吴三桂,杀都统王永年。3月,襄阳总兵杨来嘉响应吴三桂,靖南王耿精忠据福建反清,执总督范承谟。在短短三四个月的时间内,滇、黔、川、湘、桂、闽六省相继失陷,当地清军猝不及防,不是投降就是后撤,人心动摇。

「清八旗士兵头盔」

清军四处设防,军事上处于被动。为扭转战局,清廷特别加强长江中游要地防御。除勒尔锦、硕岱所率清军已经到达荆州外,又派和硕额驸华善镇京口,江宁将军额楚、镇海将军王之鼎分率八旗、绿营兵各1000驻守安庆,尼雅翰、珠满率兵赴武昌、岳州,都统鄂霭赴襄阳,彝陵(今湖北宜昌)总兵官徐治都立即返回原地,副都统佟国瑶驻防湖北郧阳,抵御吴三桂军北攻。同时清廷加紧向前线机动兵力,开辟了从京师到安庆的兵员运输线。这些措施有利于阻止吴三桂军继续北上或东下,从而扭转被动局面。

2. 湖南战场转入相持

公元1674年3月,吴三桂亲赴常德、澧州督战。因担心其子吴应熊等在京城遭遇不测,吴三桂希望同清廷裂土议和,划江而治,被康熙拒绝,并下令将其子吴应熊、孙吴世霖处死。当消息传来时,吴三桂惊恐至极,除继续在湖南用兵外,立即分兵两路攻清:西路由王屏藩率领,出四川北攻秦陇,再东向进攻山西、河北,直窥京师;东路自湖南东攻江西,企图与福建耿精忠合兵。

清廷以湖南战场为重点,先后从京师、蒙古、盛京(今辽宁沈阳)、黑龙江抽调八旗劲旅,开赴荆州、襄阳、安庆、武昌、九江、京口等战略要地,以增强长江防线军事力量。为了适应南方多江河的情况,清廷加强水师建设,令勒尔锦沿江预备战舰,严加守御,令江南绿营兵在黄浦江进行水战练习,以备策应。康熙帝还命南怀仁制造便于携带的轻型火炮,以供征剿叛乱。这些措施为以后发起战略反攻创造了条件。

吴三桂在常德、澧州等地坐镇指挥,并派吴应麟坚守岳州,于城外筑壕三层,挖陷阱,遍植

「威远将军炮」

明清时期的战争

「康熙神威将军炮」

鹿角,并于洞庭湖峡口立木桩,阻清军舰船南下。同时又充实澧州、石首、华容、松滋(今湖北松滋北)等地兵力。

康熙帝始终以吴三桂为主要打击对象,以湖南正面战场为主要作战方向,并把岳州、长沙、澧州作为争夺的要点。公元1674年6月13日,以贝乐尚善为安远靖寇大将军,率旗下兵之半及蒙古兵6000人往荆州。10月初,命总督蔡毓荣率绿营兵往岳州。另外,还先后从荆州、京口调战舰三百五十余艘支援岳州。岳州三面临湖,地势险要,吴军于陆路一面踞守,短时间难以攻克,而且各路清军互相观望,迁延不进,岳州未能攻下,致使吴三桂较长时间地盘踞大江以南地区,与清军处于对峙状态。

3. 湖南战略决战

经过三年的作战,吴三桂已失去陕、甘和闽、浙、粤、赣等省,左右两翼已被剪除,湖南主战场的侧背受到严重威胁。清军对湖南形成包围之势,稳握战略上的主动权。

湖南是吴三桂军队集中的地区,也是吴三桂力保的地区,特别是澧州、岳州、长沙、衡州,驻扎着吴军的主力。吴三桂坐镇湖南督战,与江北勒尔锦、察尼等所率清兵对峙。但在耿精忠、王辅臣、尚之信降清后,已处于孤军作战的地位,在战略上由进攻转入防御。

公元1676—1677年,清将岳乐、穆占、尚善、鄂鼐、色度等所率清军云集湖南,但湖南战局没发生大的变化。公元1677年初,清军平定江西、郴州、永州等地及广西

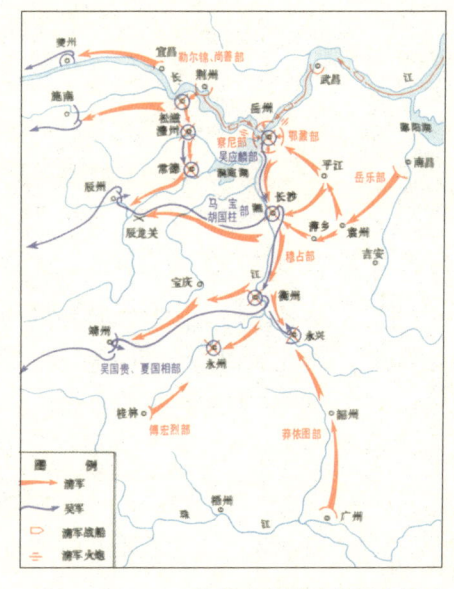
「湖南战略决战示意图」

的部分地区。穆占所部清军于湘东对吴三桂发起攻势，攻取了茶陵、永兴等县，遂转军北上，与安亲王岳东共攻浏阳、平江，并招降了驻湘潭的吴军水师将领林兴珠。清军占领东北地区后，对岳州形成包围之势。

吴三桂丧失了战略上的主动权，加之长期用兵，已是兵饷不继，形势日绌。势穷力竭的吴三桂为了鼓舞士气，于公元1677年3月于衡州称帝，国号"大周"，改元昭武，改衡州为定天府。之后即加强对衡州的防御。

这时，清征南将军穆占自茶陵南下，收复郴州、桂东、兴宁、永兴、桂阳等地，威胁衡州。吴三桂以永兴为衡州司户，即令马宝、胡国柱率军前往争夺。清军失利，大部退回郴州，护军统领哈克山和都统伊里布阵亡，前锋统领硕岱入永兴城内死守。吴军用炮轰破城墙，清军立即用竹篓、布囊装土填补，双方日夜激战。正在永兴存亡的紧急时刻，8月17日，吴三桂突然病逝，夏国相、马宝等拥立吴三桂孙吴世璠继承地位，改元洪化。吴三桂突然死亡的消息传来，围攻永兴的诸将立即于8月20日夜撤军而去，永兴围解。

康熙帝一直把攻取岳州作为平叛战争的关键，但是由于湖南前线清军统帅畏缩不前，而叛军力量雄厚，极力固守，故清军在岳州一直无所作为。当吴三桂病死的消息传来，康熙帝预料吴军会发生内变，下令诸将分路进剿，速取岳州。并不断从长沙、江西调兵，增援岳州，先后增援岳州的清军达3万人，使岳州前线总兵力达到10万人，与吴军兵力基本相当。由于岳州吴军被围数月，粮食火药等物质等异常缺乏，岳州城内伪属官兵相继投降。公元1679年1月18日，吴军总兵官王度冲、将军陈珀等各率舟师出降，另有吴军官兵及家口数千人亦于同一天归降。吴应麟见大事不妙，遂于当日傍晚率数万人弃城逃往辰州（今湖南沅陵），清军于第二天早晨进入岳州城。

岳州一失，吴军在湖南的根基动摇。1月27日，大将军勒尔锦乘势指挥大军自荆州渡江南下，不战而复松滋、枝江、宜都等地，向

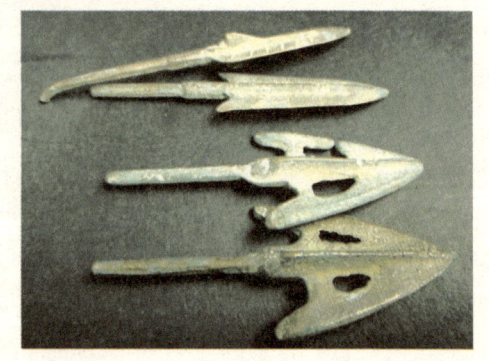

「清代铜箭头」

明清时期的战争

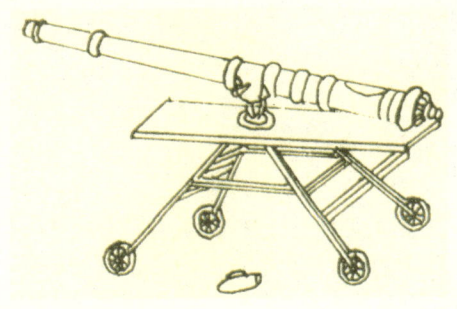
「子母炮(康熙)」

湖南挺进。湖南吴军如惊弓之鸟,不战自溃,长沙守将胡国柱于1月29日弃城西逃辰龙关(今湖南沅陵东北),清大将军安亲王岳乐收复长沙。2月,清军数路并进,势如破竹,很快收复湘潭、湘阴、衡州、澧州、常德、邵阳、永州、道州等地,湖南基本平定。

公元1680年,清军克汉中,定成都,取重庆,收复四川。公元1681年1月,清军收复贵州,2月开始进攻云南,9月,围攻昆明。此时,被清军俘获后发给银粮返还原籍的苗族兵将,纷纷帮助清军。10月,昆明城中粮尽援绝,南门守将开门投降,吴世璠服毒自杀。至此,历时八年的平叛战争,宣告胜利结束。

(三)战例评析

这次平叛战争的胜利,清除了地方割据势力,避免了一次国家大分裂,有利于多民族统一国家的巩固和发展。同时中央集权制力量得到加强,提高了抗御外敌的能力。

从清廷来说,战争的胜利,是与英明睿智的康熙皇帝分不开的。康熙依据时局,运筹帷幄,以湖南为主战场,坚决打击湖南的叛军,辅以陕、甘、川线和江西、浙东东线,三个战场相互配合,把叛军分割开。康熙又利用耿精忠同郑经的矛盾,多方招抚耿精忠。不久耿归附清廷,清收复福建。尚之信也于公元1677年5月降服,稳住了广东。由于康熙处置得当,吴三桂失去了外援,军事上完全陷于孤立。这样,从公元1676年起,战争的优势逐渐转到清军方面来了。

从叛军方面来说,吴三桂多年来养精蓄锐,兵强马壮,但叛军内部也有致命的不可克服的矛盾。首先,人民群众渴望统一,与人民为敌的吴三桂显然得不到更多人力、物力、财力的支援;其次,叛军内部无法形成整体,不相统属,心志不齐,难以持久。

太平军九江湖口之战

> 九江湖口之战是公元1855年1月至2月在太平军西征中,太平军于江西九江附近的湖口与湘军进行的一场战役,此役中石达开指挥太平军重创湘军水师,取得胜利,从而扭转了西征战局。

(一)战前背景

洪秀全领导的金田起义爆发后,公元1853年定都天京(今江苏南京),同年,太平军进行了北伐和西征。西征的战略目的,在于夺取皖、赣,进图湘、鄂,控制安庆、九江、武汉等军事要地,确保天京的安全,并解决天京军民的粮饷器械供给问题。在这个战略意图下,公元1853年6月,胡以晃、赖汉英、曾天养等率太平军两万余人溯江西上,开始西征。西征军进展极为顺利,6月10日占领长江北岸重镇安庆,胡以晃随即坐镇于此,指挥西征战事。赖汉英率曾天养、林启容等万余人进军江西,6月13日占彭泽,接着连克湖口、南康府、吴城镇,前锋于6月24日直抵南昌城下,先后三次对该城实施围攻,但均未能突入城内。由于清军防守严密,加上各路援军陆续到达,太平军在兵力上渐处劣势,便于9月24日撤南昌之围,转攻安徽和湖北。

西征军自南昌撤围后,兵分两路:一路由胡以晃、曾天养率领,以安庆为基地,先后攻占桐城、舒城,并于公元1854年1月攻克重镇庐州(今安徽合肥)。安徽广大地区的攻取,为太平天国提供了主要的人力物力资源,具有重大战略意义。

另一支由韦俊、石贞祥率领,沿江西上,进取湖北,先后占领长江南岸的半壁山要隘、蕲州、黄州(今湖北黄冈)、汉口、汉阳等。不久,因兵力不足退守黄州。曾天养率部来援,在黄州大败清军,之后,西征军三克汉口、汉阳,并于公元1854年6月再克武昌。同时,太平军又兵分两路,向湖南、鄂北进军。南路由石贞祥和林绍璋指挥,直指长沙;北路由

明清时期的战争

「曾国藩」

曾天养指挥，进逼荆襄。

南路太平军在石贞祥、林绍璋等率领下向湖南水陆并进，先后攻下岳州、湘阴、靖港、宁乡等地，大败湘军。但在湘潭一战中，太平军失利，伤亡很大。7月，湘军攻陷岳州。8月，曾天养在城陵矶战斗中牺牲。太平军因败多胜少，遂撤离城陵矶，退守武汉。

北路太平军在曾天养率领下，连克孝感、黄陂、云梦、安陆、随州、钟祥、荆门，因荆州没有攻下，便折而向西，攻克宜昌、宜都、枝江，再逼荆州，又没有成功，便南下进入湖南境。

太平军退守武汉之后，湘军水陆并进反扑武汉。10月14日、15日，武昌、汉阳、汉口相继失守。

湘军占领武汉，曾国藩与新任湖广总督杨霈商定了一个由南路湘军、北路绿营兵和水路三路东犯的计划，以夺取九江为主要目标。11月，南路湘军突破太平军田家镇、半壁山防线，于公元1855年1月进逼九江。形势对太平军非常不利。为挫败湘军的进攻，主持西征军务的翼王石达开由安庆进驻湖口镇，坐镇督战。曾国藩也由田家镇抵九江城外，部署对太平军战事。战争一触即发。

(二) 战争经过

1. 九江之战

石达开到达湖口后，鉴于湘军气势正盛，水师更占优势，便决定扼守要点，伺机退敌。具体部署是：石达开坐镇湖口，林启容仍率部守九江，罗大纲率部守梅家洲。太平军又分军占据北距九江20公里的大姑塘。太平军人数当有2万。

湘军则首先集中力量攻九江。为南攻九江，曾国藩于1月6日调塔齐布自

「石达开」

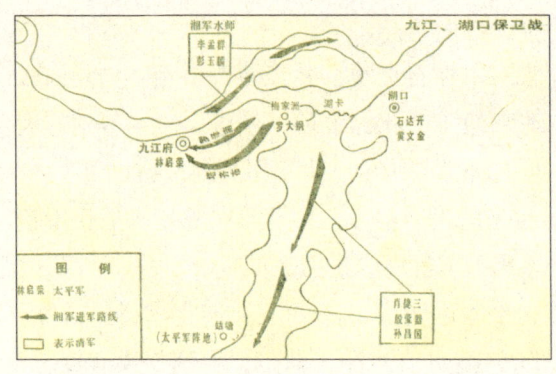
「太平军九江湖口之战图」

江北渡琵琶亭，驻九江南门外；1月9日调罗泽南部渡白水港；胡林翼带勇士2000人，从田家镇渡江，分扎要隘；王国才所部三千余人为预备队。围攻九江的清军总兵力达1.5万人。

1月14日，塔齐布、胡林翼率部进攻九江西门，结果三攻三败。18日，湘军发起全面进攻，塔齐布攻西门，胡林翼部攻南门，罗泽南部攻东门，王国才部攻九华门。因太平军于城四周严密设防，东南尤其坚固。湘军进攻遭到太平军顽强抵抗，死伤甚众，始终未能攻入城内。曾国藩轻取九江的计划失败。

2. 梅家洲之战

曾国藩攻九江不下，遂改变方针，留塔齐布继续围攻九江，派胡林翼、罗泽南等率部进驻梅家洲南4公里之盔山（今灰山），准备先攻取梅家洲，扫除九江外围要点。

1月23日，清军分三路向梅家洲发起进攻，太平军凭借坚固工事，奋勇抗击，击毙守备杨玉芳等。24日，罗大纲以七千余人分作三路自梅家洲向围攻的湘军发起反击，驻守姑塘的太平军四千余人攻敌营之背。由于姑塘太平军遭湘军炮火猛烈阻击，夹击未成，先行撤退，其余各路太平军亦收队。

3. 湖口决战

湘军进攻九江和梅家洲均未得逞，曾国藩决定改攻湖口，企图凭借优势水师，先击破鄱阳湖内太平军水营，切断外援，然后再攻九江。

公元1855年1月3日，当湘军陆师尚未南渡时，李孟群、彭玉麟所率湘军水师即已进抵湖口，分泊鄱阳湖口内及梅家洲、八里江等处。罗大纲鉴于湘军水师占优势，难以力胜，决定采用疲敌战法。1月8日夜，罗大纲组织小船百余只，以二三只或四五只联结一起，堆积柴草，内装火药、油

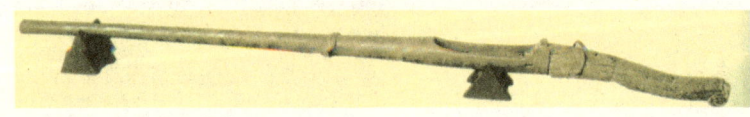
「太平军使用的子母炮」

明清时期的战争

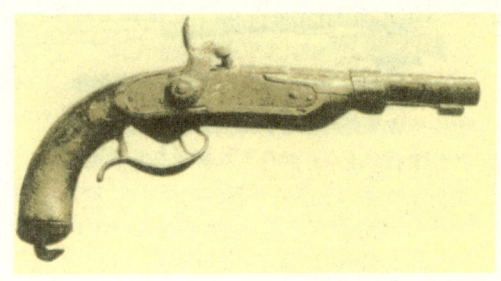

「太平军使用的手枪」

脂,乘着风顺流纵火下放,并于岸上派兵千余人,呼喊助威,施放火箭火球,对湘军水师实施火攻。由于湘军早有准备,太平军收效不大。此后,太平军每夜以陆师千余,持火箭火球,袭扰湘军,弄得湘军疲惫不堪。

太平军还在鄱阳湖口江面设置木簰数座,四周环以木城,中立望楼。木簰上安设炮位,与两岸守军互为犄角,严密封锁湖口,多次击退湘军水师的进犯。

1月23日,湘军水师乘陆师进攻梅家洲之机,击毁太平军设于鄱阳湖口的木簰。石达开、罗大纲将计就计,令部下用大船载以沙石,凿沉水中,堵塞航道,仅在靠西岸处留一隘口,拦以篾缆,封锁湖口。这可能是有意地网开一面,使敌人三板小划冲进去。1月27日,湘军水陆联合再犯,水军彭玉麟、孙昌国、萧捷三督三板各船斩断缆绳冲入,燃烧太平军内河里的一些船只。1月29日,清军冲入卡内,一直从湖口入姑塘四十里,大肆焚烧太平军卡内的战船。但当湘军水师回驶湖口时,太平军已用船只搭起浮桥二道,连接垒卡,阻断了湘军的归路。湘军水师的优势在于重船和轻舟协调作战,现在轻舟被堵于鄱阳湖内,而运转不灵的笨重船只则被拒于江中。太平军乘此有利时机,即于当晚以小船数十只,围攻泊于长江内的湘军大船,同时派船进入湘军水师大营,焚烧船只。岸上太平军也施放火箭、喷筒,配合进攻。湘军水师大船因无小船护卫,难以抵御,结果被毁战船数十只,仓皇退走。太平军乘胜于当晚进攻梅家洲湘军陆营,并于2月2日进占九江对岸之小池口。

2月11日夜,林启容自九江、罗大纲自小池口以轻舟百余只,袭击泊于官牌夹的湘军水师,用火药、喷筒集中施放,焚毁战船、民船二三十只,并缴获曾国藩的坐船。曾国藩事先乘小船逃走,后逃入罗泽南陆营,愤

「太平军使用的具铭大炮」

愧万分，准备自杀，被罗泽南等劝止，后狼狈逃回南昌。

(三)战例评析

太平军湖口之战的胜利，打破了曾国藩夺取九江、直捣金陵的企图，使西征战局转败为胜。西征军自湘潭战败后，弃岳州，失武汉，节节退却，一直退到九江、湖口，在此期间，丢失了大片地盘和许多城邑，损兵折将，战船损失大半，形势十分不利。但另一方面，由于湘军的进攻，迫使太平军缩短战线，集中起兵力，加强了指挥，改变了战线过长、兵力分散的弱点。加上石达开亲临前线，加强了领导，为反败为胜准备了必要的前提。

相反，湘军方面虽然取得了节节胜利，却预伏着失败的因素：掳获甚多，斗志渐弱；屡获胜仗，骄傲轻敌；长驱直进，离后方供应基地（湖南）越来越远，运输补给日益困难。正是在这种情况下，石达开等坚守要点以疲惫敌人，并利用有利地形，机智地抓住了湘军水师轻舟冒进的有利时机，果断地分割湘军水师，进而主动出击，取得了重创湘军水师的重大胜利，使整个西征战场上的形势为之一变。

辛亥武昌起义

> 武昌起义是指1911年10月10日(农历辛亥年八月十九)在湖北武昌发生的一场旨在推翻清朝统治的兵变，也是辛亥革命的开端。

(一)战前背景

辛亥武昌起义前夕，中国社会各种矛盾空前激化。人民群众自发的反抗斗争此起彼伏，和资产阶级革命党人连续不断的武装起义相呼应，这表明，被统治阶级已不能照旧生活下去了。清朝统治阶级内部也发生了分化。1906年，清政府抛出"预备立宪"骗局，实际上却不断加强皇族权力，引起立宪派和部分汉族官僚的不满。1908年，光绪帝和慈禧太后相继死去，溥仪即位，由其父载沣摄政。1911年5月，清政府公布新内阁成员

明清时期的战争

「四川保路同志会报告」

名单,奕劻为总理大臣,在 13 名内阁成员中满族 9 名,其中 7 名是皇族,汉族只有 4 名,因此被称为"皇族内阁"。立宪派对此大失所望。这时,革命风暴即将来临,立宪派多数对清政府产生了离心倾向,少数开始同情或参加革命。统治阶级内部的分化,说明统治阶级已不能照旧统治下去了。革命形势日趋成熟。

面临重重危机的清政府,为了换取帝国主义的支持,宣布实行"铁路干线国有"政策,强行接收广东、四川、湖北、湖南四省商办铁路公司,准备将筑路权重新拍卖给帝国主义。这一卖国行径,引起了各阶层人民的强烈反对,全国掀起了声势浩大的保路运动,其中尤以四川最为激烈。清朝廷为扑灭四川的革命火焰,派出督办粤汉、川汉铁路大臣端方率领部分湖北新军入川镇压。在四川保路斗争的鼓舞下,各省革命党人积极开展革命活动,准备武装起义。

武汉是华中重镇,革命运动高涨。革命团体文学社、共进会在湖北新军中开展了卓有成效的宣传和组织工作,积聚了较雄厚的革命力量,伺机举事。1911 年 9 月,文学社与共进会在中部同盟会的促进下联合,建立了统一的起义领导机关。由蒋翊武任总指挥,孙武为参谋长,刘公任总理。9 月 24 日,两个革命团体召开骨干会议,决议在中秋节(10 月 6 日)举行起义,推举蒋翊武为临时总司令,孙武为参谋长,并给各标、营规定了任务。

革命党人的活动引起了湖北统治当局的注意。瑞澂在 10 月 3 日召开文武官员参加的防务会议,决定严防督署,加派人员监守楚望台军械库,军舰密巡江面,实行全

「蒋翊武」

城戒严。随后派兵搜查革命机关，收缴士兵子弹，使枪弹分离。鉴于清军已有准备，加上同盟会重要领导人黄兴、宋教仁、谭人凤等人迟迟未到武汉，革命党人决定将起义延期。

正在准备起义时，10月9日又突然发生意外。孙武等人在汉口俄租界秘密机关配制炸弹，不慎引起爆炸。孙武受伤进了医院，其余人员仓促转移。俄国巡捕闻声赶到现场，搜去革命党人名册、起义文告、旗帜、印信等物，秘密泄露，湖广总督瑞澂立即下令关闭四城，搜捕革命党人。情急之下，革命党人决定立即发动起义。蒋翊武以临时总司令的名义起草命令，派人送往各标、营革命党人手中，约定当晚12时，以南湖炮队的炮声为号，城内城外同时起义。

但是，瑞澂已事先听到风声，派军警查抄了武昌的各个革命机关，逮捕了刘复基、彭楚藩、杨宏胜等人，蒋翊武在混乱中逃走。第二天黎民，刘复基、彭楚藩、杨宏胜三人惨遭杀害，不少革命党人相继被捕。由于武昌城内戒备森严，内外交通断绝，起义的命令未及时送到南湖炮队，10月9日晚起义的计划落空。

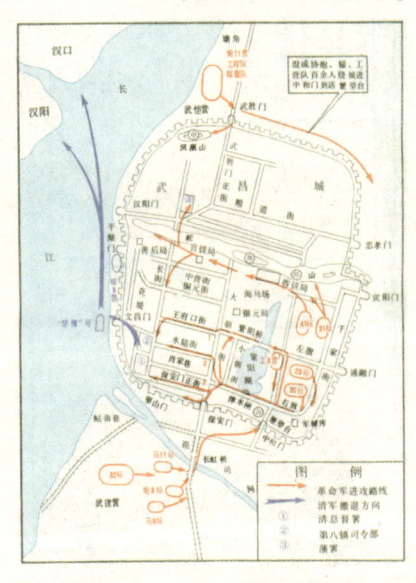

「武昌起义示意图」

(二)战争经过

1. 第一次进攻

在群龙无首的紧急关头，新军工程第八营党代表熊秉坤与各队代表商妥，约定10月10日晚以鸣枪三声为号，按原计划发起武昌起义。10月10日晚，工程第八营的革命党人打响了起义的第一枪，他们打死了反对起义的军官，夺取中和门附近的楚望台军械库。缴获步枪数万支，炮数十门，子弹数十万发，为起义的胜利起了奠定了基础

工程第八营占领楚望台后，陆续集合了两百余人，推举队官吴兆麟为临时总指挥。与此同时，驻城外的第二十一混成协辎重队的革命党人也举火为号，发动起义，炮兵营与工程队立即响应，并齐集楚望台。二十九标、三十标的蔡济民、

吴醒汉也率领部分士兵冲出营门，赶往楚望台；测绘学堂的近百名学兵也迅速向楚望台集中，其他各标营的革命党人也先后率众起义。这时，武昌城内除防守督署等机关的旧军仍企图顽抗外，已有近3000人参加起义，吴兆麟、熊秉坤、蔡济民等认为不能单纯防守楚望台，而应立即趁夜向总督署及紧靠督署的第八镇司令部发起进攻。

晚上10点30分，起义军开始分三路进攻。第一路经紫阳桥、王府口街进攻第八镇司令部及督署侧后；第二路经水陆街进攻第八镇司令部及督署翼侧；第三路从津水闸经保安门正街进攻督署前门。同时，传令炮兵迅速占领在中和门及蛇山发射阵地，向督署轰炸。

进攻开始后，由于兵力有限，加上事先未将敌人的部署侦察清楚，南湖炮队尚未完全进入阵地等原因，部队在紫阳桥、津水闸遭敌火力猛烈射击，伤亡较大，以致初次进攻受挫。一部起义士兵退回了楚望台。在这千钧一发之际，起义军大炮突然开始射击，士气大振。

2. 第二次进攻

晚上12点后，起义军发动第二次进攻，战斗异常激烈。第三路一部士兵转至大朝街，威胁紫阳桥受敌侧后，迫使敌人退却。第一路乘势突破敌人防线，向督署进逼。第二路也进至督署。第三路战斗最为激烈，起义军进至恤孤巷时，遭敌伏击，前进受阻。张彪又亲自指挥辎重第八营进行反攻，起义军处境十分危急。率领第三路的熊秉坤组织四十余人的敢死队，向前猛冲，冒死冲入督署大堂，并纵火焚烧。这时，第一、二路已占领第八镇司令部，包围了督署，并在王府口、小都司巷等处放起熊熊大火，使炮兵射击更加准确。企图依靠围墙进行顽抗的守军，见大势已去，纷纷投降。起义军占领督署及镇司令部。瑞澂吓得心惊胆落，慌忙打开督署后墙，经文昌门，狼狈逃窜至楚豫兵舰。张彪率残部逃往汉口刘家庙。

10月11日黎明，武昌城内各官署、城门均为起义军所控制。当天上午，一些处于观望状态的清军士兵也陆

「辛亥革命武昌起义遗址——武昌起义门（原中和门）」

续向楚望台集中,听从革命党人指挥。鲜艳的十八星旗插上武昌城头,宣告了武昌起义的成功。

汉阳、汉口的革命党人闻风而动,分别于10月11日、12日光复汉阳、汉口。至此,武汉三镇均处在起义军控制之下。革命党人发表宣言,改国号为中华民国,号召各省起义响应,成立中华民国军政府湖北都督府,推举旧军官黎元洪为都督。两个月内,湖南、广东等十三个省纷纷宣布独立,形成全国范围内的革命高潮。1912年1月1日,中华民国临时政府在南京成立,孙中山被推举为临时大总统。1912年2月12日,清帝溥仪退位,清王朝终于被推翻,中国开始进入一个新的历史阶段。

(三)战例评析

武昌起义是资产阶级革命党人发动和领导的一次成功的武装起义。湖北地区的革命党人经过长期坚持不懈的努力,在新军中发展革命力量,为起义的爆发和成功准备了雄厚的物质基础。而起义之所以能如此快地取得成功,主要有四个方面的原因:一是湖北地区的两个革命团体文学社和共进会在革命大目标一致的前提下,消除门户之见,成功地实现了联合,使武汉地区的革命力量得以统一,从而奠定了起义成功的组织基础。二是资产阶级革命党人成功地选择了起义的时机和突破口。1911年九十月间,全国革命形势趋于成熟,资产阶级革命党人利用部分湖北新军调往四川镇压保路运动之机,果断决定选择革命力量雄厚的华中重镇武昌作为突破口,坚决发动起义。三是起义发动后,革命党人不失时机地向督署和镇司令部等敌之关键部位发动进攻,使敌人没有喘息的机会。四是革命党人和广大参加起义的士兵的英勇奋斗精神,保证了起义的胜利。

武昌起义的成功对于辛亥革命的胜利意义重大。在武昌起义的影响下,全国范围的革命高潮很快形成,清政府正是在全国人民的不断打击下才走向灭亡。

「孙中山」

主要参考文献

[1] [西]司马迁.史记.北京:中华书局,1982.
[2] [晋]陈寿.三国志.北京:中华书局,1982.
[3] [唐]房玄龄.晋书.北京:中华书局,1974.
[4] [梁]沈约.宋书.北京:中华书局,1974.
[5] [梁]萧子显.南齐书.北京:中华书局,1972.
[6] [唐]李延寿.南史.北京:中华书局,1975.
[7] [唐]魏征.隋书.北京:中华书局,1973.
[8] [後晋]刘昫等.旧唐书.北京:中华书局,1975.
[9] [宋]欧阳修等.新唐书.北京:中华书局,1975.
[10] [宋]陈规,汤璹.守城录.四库兵家类丛书(二).上海:上海古籍出版社,1990.
[11] [宋]司马光.资治通鉴.北京:中华书局,1956.
[12] [元]脱脱等.宋史.北京:中华书局,1977.
[13] [元]脱脱等.金史.北京:中华书局,1975.
[14] [明]宋濂等.元史.北京:中华书局,1976.
[15] [清]张廷玉等.明史.北京:中华书局,1974.
[16] [清]顾祖禹.读史方舆纪要.北京:中华书局,1955.
[17] [清]魏源.海国图志.台湾:台湾成文出版社,1967.
[18] [清]孙星衍.孙子十家注.四库备要本。
[19] [清]彭定求等.全唐诗.北京:中华书局,2011.
[20] [宋]苏洵,原著.郑京辉,主编.权书图说精解.北京:中国纺织出版社,2011.
[21] 梁启超.中国近三百年学术史.天津:天津古籍出版社,2003.
[22] 吴如嵩,著.孙子兵法浅说.北京:战士出版社,1983.
[23] 马骏,著.马骏说孙子兵法.北京:中华书局,2008.
[24] 赵国华.中国兵学史.福州:福建人民出版社,2004.
[25] 谢祥皓.中国兵学.济南:山东人民出版社,1998.
[26] 许保林.中国兵学通览.北京:解放军出版社,2002.
[27] 王兆春.中国历代兵书.北京:商务印书馆,1996.
[28] 王兆春.速读中国古代兵书.北京:蓝天出版社,2004.
[29] 中国人民解放军军事科学院战略研究部.中国军事百科全书·中国历代军事思想

分册.北京:军事科学出版社,1993.

[30] 姜国柱.中国军事思想简史.北京:新世界出版社,2006.

[31] 中国军事史编写组.中国历代军事思想.北京:解放军出版社,2007.

[32] 军事科学院主编.中国军事通史(17卷),北京:军事科学出版社,1998.

[33] 军事科学院战争理论与战略研究部.中国古代经典战争战例.北京:解放军出版社,2012.

[34] 张玉田等编著.中国近代军事史.沈阳:辽宁人民出版社,1983.

[35] 张秀平,毛元佑,黄朴民,主编.影响中国的100次战争.南宁:广西人民出版社,1993.

[36] 张正明.楚史.北京:中国人民大学出版社,2010.

[37] 张正明.秦与楚.武汉:华中师范大学出版社,2007.

[38] 王兆春.中国火器史.北京:军事科学出版社,1991.

[39] 王兆春.中国科学技术史(军事技术卷).北京:科学出版社,1998年

[40] 谢宇,唐文立,编著.中国古代兵器鉴赏.北京:华龄出版社,2008.

[41] 龚书铎,刘德麟,主编.图说天下(中国历史系列).长春:吉林出版集团有限责任公司,2006.

[42] 周纬著.中国兵器史稿.天津:百花文艺出版社,2006.

[43] 望甫江,编著.中国刀剑.济南:明天出版社,2007.

[44] 王兆春.中国火器史.北京:军事科学出版社,1991.

[45] 伯仲,编著.中国传统兵器图鉴.北京:东方出版社,2010.

[46] 曾枣庄.苏洵的军事思想.黄石师院学报,1983(3).

[47] 庆振轩,张馨心.稼轩放翁军事思想比较散论.上饶师范学院学报,2011(2).

[48] 徐文武.鹖冠子籍贯与生平事迹考略.南通大学学报(社会科学版),2005(2).

图书在版编目（CIP）数据

兵法战争 / 徐士友编著 . —武汉：长江出版社，
2019.6（2023.1重印）
（长江文明之旅丛书 . 人文历史篇）
ISBN 978-7-5492-6532-9

Ⅰ . ①兵… Ⅱ . ①徐… Ⅲ . ①兵法—介绍—中国—古代 Ⅳ . ① E892.2

中国版本图书馆 CIP 数据核字（2019）第 105267 号

项目统筹：张　树
责任编辑：张艳艳　　王　珺
封面设计：刘斯佳

兵法战争

刘玉堂　王玉德　总主编　徐士友　编著
出版发行：上海科学技术文献出版社
地　　址：上海市长乐路 746 号　200040
出版发行：长江出版社
地　　址：武汉市解放大道 1863 号　430010
经　　销：各地新华书店
印　　刷：中印南方印刷有限公司
规　　格：710mm×1000mm　1/16
印　　张：10.5
字　　数：143 千字
版　　次：2019 年 6 月第 1 版　2023 年 1 月第 2 次印刷
书　　号：ISBN 978-7-5492-6532-9
定　　价：39.80 元

（版权所有　翻版必究　印装有误　负责调换）